진짜 어른이
되기 위한
듣기 수업

진짜 어른이 되기 위한
듣기 수업

2024년 10월 08일 초판 01쇄 인쇄
2024년 10월 15일 초판 01쇄 발행

지은이 김경호

발행인 이규상   편집인 임현숙
편집장 김은영   책임마케팅 원혜윤
콘텐츠사업팀 문지연 강정민 정윤정 원혜윤 이채영
디자인팀 최희민 두형주
채널 및 제작 관리 이순복   회계팀 김하나

펴낸곳 (주)백도씨
출판등록 제2012-000170호(2007년 6월 22일)
주소 03044 서울시 종로구 효자로7길 23, 3층(통의동 7-33)
전화 02 3443 0311(편집) 02 3012 0117(마케팅)   팩스 02 3012 3010
이메일 book@100doci.com(편집·원고 투고) valva@100doci.com(유통·사업 제휴)
포스트 post.naver.com/black-fish   블로그 blog.naver.com/black-fish
인스타그램 @blackfish_book

ISBN 978-89-6833-480-1 03190
ⓒ 김경호, 2024, Printed in Korea

진짜 어른이 되기 위한 듣기 수업

김경호 지음

제대로 들을 때
비로소 어른이 된다

블랙피쉬
Black Fish

의지와 끈기, 인내를 심어 주신
사랑하고 존경하는 어머니
노영자 님께 이 책을 바칩니다.

"말을 잘하려면 잘 들어야 한다."

말 잘하는 법을 알려 주는 책들이 자주 강조하는 얘기다. 남의 말을 들을 줄 알아야 내 말도 잘할 수 있다는 것이다. 맞는 얘기다. 말을 하는 건 언어로 상대를 이해시키고 공감을 얻는 커뮤니케이션 행위인 만큼 상대의 생각과 마음을 이해하는 '듣기'는 말을 잘하는 데 있어서 매우 중요한 요소다.

그런데 여기서 궁금증이 생긴다. 어떻게 듣는 게 '잘' 듣는 것일까? 상대가 얘기할 때 하고 싶은 말을 참으며 가만히 듣고만 있으면 잘 듣는 것일까? 상대방의 말을 들리는 그대로 이해하면 잘 듣는 것일까? 잘 듣겠다고 마음만 먹으면 누구나 잘 들을 수 있는 것일까?

어른들을 위한 동화로 유명한 독일 문학가 미하엘 엔데(Michael Ende)의 소설 《모모》에는 듣기에 대해 생각해 볼 만한 의미 있는 얘기가 나온다. 주인공 모모는 버려진 원형극장에서 홀로 살아가는 소녀다. 처음에는 모모에게 별 관심 없던 마을 사람들은 그가 누구의 얘기든 잘 들어 준다는 사실을 알게 된 뒤 고민이 있을 때마다 찾아가 속마음을 마음껏 털어놓고 홀가분한 마음으로 돌아간다. 나중에는 누가 걱정이나 고민이 있으면 "아무튼 모모에게 가 보세"라고 얘기할 만큼 모모는 마을 사람들에게 없어서는 안 되는 존재가 된다. 작가는 말한다.

"그게 무슨 특별한 재주람. 남의 말을 듣는 건 누구나 할 수 있지. 이렇게 생각하는 독자도 많으리라. 하지만 그 생각은 틀린 것이다. 진정으로 귀를 기울여 다른 사람의 말을 들어 줄 줄 아는 사람은 아주 드물다."

실제로 다른 사람의 말을 잘 듣는 건 생각보다 쉽지 않다. 사람들 사이에서 벌어지는 수많은 종류의 갈등 중 상당수는 잘 듣지 못하는 데서 비롯된다. 친구나 동료, 연인, 부부, 부모와 자식 사이에서 서로 의견이 맞지 않아 대화가 접점을 찾지 못하고 갈등의 골이 점점 깊어지면 어김없이 누군가 소리친다.

"아니! 내 말뜻은 그게 아니라고!"

서로 상대가 남의 말을 제대로 듣지 않거나, 자기주장만 내세운다며 책임을 돌리다 끝내 대화와 설득을 포기하고 말한다.

"도대체가 말이 안 통해."

업무 능력에 문제가 있어 일에 지장을 초래하는 직장 동료나 후배, 상사를 지적할 때에도 꼭 나오는 말이 있다.

"도무지 말귀를 못 알아들어."

모두 문제의 주요 원인을 잘 듣지 못하는 데서 찾는다. 누구나 듣기의 중요성을 알고 있는 것이다. 하지만 그 중요한 듣기 능력을 기르기 위해 공부하거나 노력하는 모습은 찾아보기 힘들다. '듣기'는 '말하기', '읽기', '쓰기'와 함께 4대 언어 활동의 하나이지만, 어렸을 때는 물론 성인이 된 뒤에도 많은 시간을 들여 배우고 공부하는 말하기, 읽기, 쓰기와 달리 듣기는 학교에서도 잘 가르치지 않는다. 듣기를 '누구나 할 수 있는 것' 정도로 생각하기 때문이다.

하지만 사람들의 얘기를 듣는 것을 업으로 하는 방송 기자와 앵커로 20년간 활동하며 느낀 건 듣기는 연습과 훈련이 필요한 고도의 커뮤니케이션 활동이라는 것이다. 나는 관심 없고 상대에게만 중요한 얘기, 요지가 불분명한 얘기, 진의를 숨긴 얘기가 뒤섞인 언어의 숲에서 보석 같은 이야기를 찾아 이해하고 공감하는 것은 스스로 맥락을 찾아내는 분석과 통찰은 물론 인내와 끈기, 배려가 필요한 매우 주체적이고 복합적인 행위이다.

듣기는 기본적으로 말을 통해 이해하는 언어학이지만, 사람의 마음을 읽는 심리학이기도 하고, 인간관계를 파악하는 사회학이기도 하며, 숨은 의도와 구조적 맥락을 읽어 내야 하는 정치학이기도 하다. 결국 잘 듣는 사람이 말도 잘하고, 일도 잘하고, 인간관계도 잘 맺는다. 평범한 사람을 얘기하고 싶고, 만나고 싶고, 함께 있고 싶은 매력적인 사람으로 만들어 주는 듣기의 마법 속으로 함께 들어가 보자.

차례

1장 잘 듣는 건 마음까지 듣는 것

2장 나를 지키는 듣기, 나를 성장시키는 듣기

3장 잘 듣는 사람의 기술

1장

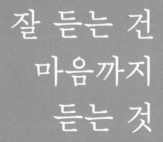

잘 듣는 건
마음까지
듣는 것

눈은 입보다

많은 말을 한다

칸 국제영화제에서 심사 위원 대상을 받은 영화 〈올드보이〉는 같은 제목의 원작 만화와 내용에서 몇 가지 차이점이 있다. 주인공이 영문도 모른 채 사설 감옥에 갇혀 지내야 했던 기간(영화는 15년, 만화는 10년)이나, 그 속에서 억지로 먹어야 했던 음식(영화는 군만두, 만화는 중국 음식) 등의 기본 설정이 좀 다른데, 특히 눈에 띄는 건 주인공이 정체불명의 사설 감옥에 강제로 갇혀야 했던 이유다.

원작 만화에서 주인공을 가둔 남성은 주인공의 초등학교 친구다. 어린 시절 친구들로부터 학교 폭력과 집단 따돌림을 당했던 그는 어느 날 음악 시간에 교실 앞으로 나와 노래를 부르게 되는데, 친구들의 조롱과 야유 속에서 처량하게 노래를 부르던 자신을 보고 주인공이 흘린 눈물 한 방울이 훗날 끔찍한 납치와 감금을 벌이게 된 이유였다고 말한다.

"그때 너는 눈물을 흘렸다. 내 생애에서 너만이 나의 고독을 알아차린 거다. 굴욕이었다."

잔인하게 때리고 따돌렸던 친구들보다 자신을 더 비참하게 만든 건 옆에서 말 한마디 없이 이 장면을 지켜보고 있던 주인공이 내비친 연민과 동정의 눈빛이었다는 것이다. 동급생들로부터 몹쓸 짓을 당하면서도 일종의 정신 승리를 하며 지켜 왔던 그의 한 가닥 남은 자존감은 주인공이 내비친 연민의 눈빛

하나에 완전히 무너져 내렸다. 이로 인해 그는 동정의 대상이 돼 버린 자신의 비참한 현실을 자각하게 되었고, 그날의 충격적인 경험은 훗날 잔인한 복수극을 불러왔다.

비록 만화에 나오는 이야기이지만 그의 내면으로 들어가 가시처럼 박힌 슬픔과 지독한 고독을 마주한다면 그 상처를 어렴풋하게나마 짐작할 수 있을 것 같다. 우리 속담에도 '때리는 시어머니보다 말리는 시누이가 더 밉다'는 말이 있지 않은가. 여기서도 시누이로 인해 더 상처를 받게 되는 건 입으로는 말리는 듯하면서도 속으로는 고소해하는 시누이의 눈빛 때문이 아닐까?

눈빛 하나가 뭐 그리 대단할까 생각할 수도 있지만, 실제로 사람의 마음을 흔드는 강력한 힘을 가진 게 바로 눈빛이다. SNS에서 화제가 된 눈빛과 관련된 실험 영상이 있다. 엄마의 눈빛이 아이에게 어떤 영향을 끼치는지 실험하는 영상이었는데, 눈빛이 차가운 엄마와 따뜻한 엄마가 비교 대상이었다. 실험은 아직 말도 못 하고, 걸음마도 떼지 못한 아기를 엄마와 몇 미터 떨어뜨려 놓은 뒤, 중간에 장애물을 놓고 엄마를 향해 잘 기어 오는지를 비교하는 방식으로 진행됐다.

결과는 정반대였다. 눈빛이 차가운 엄마를 향해 기어 오던 아기는 중간에 장애물을 만나자 망설이다 포기하고 말았다. 반면에 눈빛이 따뜻한 엄마를 향해 기어 오던 아기는 갑자기 나타난 장애물에 당황하면서도 엄마의 눈을 바라보며 조심스럽게 한 걸음 한 걸음을 내디뎌 결국에는 엄마의 품에 안겼다. 엄마의 눈빛이 아기의 기분과 마음을 움직이는 걸 넘어 능력과 성장에도 영향을 미칠 수 있음을 보여 주는 결과였다.

이런 상황은 직장에서도 자주 접하게 된다. 일을 하다 보면 수시로 팀장에게 업무 보고를 할 일이 생기는데, 이때 팀원을 바라보는 팀장의 눈빛이 그야말로 제각각이다. 함께 일했던 한 팀장은 팀원을 바라보는 눈빛이 언제나 자상하고 따뜻했다. 팀원이 보고를 할 때면 그 팀장의 눈빛은 이렇게 말하는 것 같았다.

"걱정 말고 무엇이든 얘기하렴."

그 팀장의 너그러운 눈빛 덕에 팀원들은 보고의 부담을 많이 내려놓을 수 있었고, 새로운 아이디어가 떠오를 때마다 스스럼없이 팀장에게 말을 꺼냈다. 그렇게 팀장과 얘기를 하다 보면 설익었던 아이디어가 그럴듯한 아이템으로 성숙해 갔고, 어떨 때는 편하게 오가는 대화 속에서 없던 아이디어가 새롭게 떠오르기도 했다. 소통이 원활한 만큼 팀의 분위기도 언제나 활기가 넘쳤고, 성과도 좋았다.

반면에 팀원을 바라보는 눈빛이 한결같이 냉정한 팀장도 있었다. 보고를 할 때면 팀장의 눈빛은 언제나 이렇게 말하는 것 같았다.

"그래, 얼마나 잘 얘기하나 들어나 보자."

팀원들은 이 팀장에게 보고를 할 때면 긴장해서 말을 더듬게 되기도 했고, 괜히 쓸데없는 말로 약점이라도 잡힐까 싶어 정제된 말만 하다 보니, 자신의 생각이나 하고 싶은 말을 충분히 다 꺼내 놓지 못하고 자리로 돌아오는 경우도 많았다.

팀원의 보고를 다루는 그 팀장의 실제 대응 역시 눈빛만큼이나 냉정했다. 좋은 아이디어는 취하고, 나쁜 아이디어는 버리고. 그걸로 끝이었다. 오직 성과로만 팀원을 대했고, 윗사람으로서 품어 준다거나 키워 준다는 느낌이 없었다. 그러다 보니 팀장을 대하는 팀원들의 태도 역시 딱 그 정도였다. 팀원의 숨어 있는 잠재력을 끌어내 주는 팀장이 없고, 팀을 위해 헌신해 주는 팀원이 없으니, 팀의 성과도 다 고만고만한 수준이었다. 두 팀의 결과를 가른 건 바로 평소 팀원을 바라보는 팀장의 '눈빛'이었다.

소리는 귀로 듣지만, 마음은 눈으로 듣는다. 위로와 공감을 주는 따뜻한 눈빛은 상대방의 마음을 열고 입을 열게 하지만,

상처를 주는 차가운 눈빛은 상대의 마음과 입을 닫게 만든다. 마음을 전하는 데는 눈빛 하나만으로도 충분하다. '잘 듣는 사람'은 자신의 눈빛을 아는 사람이다.

눈높이를

맞춘다는 것

처음 방송 기자 일을 시작했을 때 선배들로부터 취재 중 주의해야 한다고 배운 것 중 눈높이에 대한 내용이 있었다. TV 뉴스에서 중간에 취재 현장의 기자가 얼굴을 드러내고 카메라를 향해 직접 얘기하는 부분을 '스탠드업'이라고 하는데, 스탠드업을 촬영할 때 절대로 카메라를 내려보면 안 된다는 거였다. 카메라를 내려보면 이는 곧 화면 밖에서 해당 뉴스를 보게 될 시청자를 내려보는 것이 되니, 언제나 시청자를 섬겨야 하는 방송 기자의 자세로서 바람직하지 않다는 설명이었다.

드론이나 로봇 카메라 등 영상 촬영 장비의 비약적인 발전으로 예전에는 상상도 할 수 없었던 다양한 카메라 앵글의 연출이 가능해진 요즘 다소 고루하게 들릴 수도 있는 얘기지만, 그 속에 담긴 시청자를 존중하는 진정성만큼은 지금도 되새길 만한 가치가 있다는 생각이 든다.

당시 스탠드업과 관련해 하지 말아야 한다고 배운 게 또 하나 있는데, 그건 비나 눈이 오는 현장에서 취재할 때 기자는 카메라 앞에서 절대로 우산을 쓰면 안 된다는 것이었다. 뉴스를 보는 시청자 중에는 일 때문에 혹은 또 다른 어떤 사정으로 인해 우산을 쓰지 못한 채 비나 눈을 맞고 있는 사람도 있을 수 있는데, 현장에서 시민을 취재하는 기자가 자신은 비나 눈을 맞지 않겠다고 우산을 쓰고 있어서는 안 된다는 이유였다. 이 역시 기자가 시청자와 눈높이를 맞추기 위한 태도라고 볼 수 있을 것이다.

좋은 선배들의 가르침 덕에 취재를 나가면 다른 상황에서도 습관적으로 이런 자세를 보이게 되는데, 한번은 무심코 했던 행동이 눈 밝은 일부 시청자들의 눈에 띄어 좋은 반응을 얻은 적도 있었다. 새벽에 첫차를 타고 일터로 나가는 노동자들을 취재했을 때였다. 방송이 나가고 나니, 시청자들로부터 인터뷰를 하는 기자의 모습이 인상적이었다는 반응이 나왔다. 이동하는 버스에서 좌석에 앉아 있는 사람들을 인터뷰하며 무릎을 굽히고 바닥에 주저앉아 얘기를 나눴는데, 이렇게 시민과 눈높이를 맞추기 위해 노력하는 기자의 모습이 인상적이라는 거였다.

여기서 시청자들이 인상적으로 본 건 시민을 대하는 기자의 마음가짐이었을 것이다. 기자가 선 채로 앉아 있는 시민을 내려보며 인터뷰를 하는 게 아니라, 무릎을 바닥에 대고 바지를 더럽혀 가면서 눈높이를 맞추려는 존중의 마음을 눈여겨보았으리라.

그런데 여기에는 인터뷰의 질을 높이기 위한 실무적인 의도도 담겨 있다. 앉아 있는 시민에게 기자가 선 채로 마이크를 갖다 대면 시민은 고개를 꺾어 올려다보며 얘기를 해야 한다.

이렇게 불편한 자세에서는 편한 얘기가 나올 수 없다. 인터뷰를 충분히 길게 하기도 어렵다. 기자가 기대하는 상대의 속 깊은 얘기를 끌어내기 어려우니 인터뷰의 질도 낮아질 수밖에 없다. 진심으로 상대의 속마음을 듣고 싶다면 먼저 상대의 마음을 편하게 하는 환경을 만들어 줘야 하는 것이다.

하지만 일상생활 속에서 대화를 하다 보면 상대의 속마음을 듣고 싶어 하면서도 이 점을 간과하는 경우가 많다. 회사에서 팀장이 팀원에게 면담을 하자면서 사무실에 있는 자기 자리로 불러낸다. 그리고 대뜸 묻는다.

"요즘 고민이 뭐야?"

"힘든 거 있으면 얘기해 봐."

근무 시간에 일하다 말고 갑자기 일터 한가운데로 불려 나와 속마음을 툭 터놓을 정도로 상사와 허물없이 지내는 사람은 많지 않다. 뭔가 대답은 해야겠으니 그냥 '아무 문제 없다'고 답하거나 팀장이 듣고 싶어 할, 사실은 마음에 있지도 않고 별 고민도 아닌 겉도는 얘기만 하다 알맹이 없는 대화로 끝날 가능성이 크다. 만약 그런 상황에서도 자기 속얘기를 거침없이 술술 풀어낼 수 있을 정도로 마음이 편한 사람이라면 딱히 별도의 면담이 필요하지도 않다.

이렇게 의미 없는 면담을 하는 팀장이 팀원으로부터 들을 수 있는 속 깊은 얘기는 없다. 팀원의 진심을 알기 어렵고, 진정한 소통이 안 되니, 팀 장악력도 떨어진다. 팀원의 속마음을 듣고 싶다면 먼저 마음을 열 수 있는 환경을 만들어 줘야 한다. 편안한 시간과 공간에서 따뜻한 말로 상대의 마음에 온기가 퍼지도록 예열을 하며 기다려 줘야 상대도 속마음이 들킬까 꽁꽁 싸매 놓았던 두꺼운 겉옷을 벗고 조금씩 마음의 문을 열기 시작한다.

눈높이를 맞춘다는 건 그 사람과 마음의 온도를 맞추는 것을 의미한다. 온도가 다른 음식을 한 바구니에 담을 수 없듯, 서로 마음의 온도가 다른 사람 사이에 진실된 대화가 오가기는 어렵다. 주변 사람들이 입으로 내는 소리가 아닌 마음의 소리를 듣고 싶다면, 먼저 상대 마음의 온도를 알 수 있는 마음의 온도계가 필요하다.

● 몸으로 들어요

인터뷰하는 걸 평생의 업으로 하는 방송 기자들이 유난히 인터뷰하기 힘들어하는 상대는 누구일까? 자존심 강한 유명인이나 깐깐한 정관계 인사들을 떠올리기 쉽지만 의외로 방송 기자들이 힘들어하는 인터뷰 상대는 일반 시민이다. 유명 인사들의 경우 대개 사전에 인터뷰 요청을 한 뒤 정식으로 날짜를 잡아 인터뷰를 진행하다 보니 질문을 하는 기자도, 답변을 하는 상대도 미리 준비하여 예상했던 대로 별 탈 없이 인터뷰가 흘러가는 것이 일반적이다.

반면에 일반 시민의 인터뷰는 미리 준비해 놓지 않은 생생한 현장의 목소리를 담는 걸 목적으로 하기 때문에 대부분 사전 약속 없이 길거리나 뉴스의 현장을 찾아가 즉석에서 요청을 하고, 곧바로 인터뷰가 진행된다. 아무런 마음의 준비 없이 길거리에서 갑자기 인터뷰 요청을 받은 시민은 일단 기자라는 말에 경계부터 한다. 어쩌다 얘기를 잘 해 주는 시민을 만나도 막상 카메라와 마이크를 들이대면 열에 아홉은 도망가기 바쁘다. 어렵게 인터뷰가 성사된다 해도 방송을 통해 수많은 대중에게 공개될 내용이라는 걸 의식한 시민이 한 마디 한 마디 조심스럽게 얘기하다 보니, 뉴스에 내보낼 수 있는 생생한 인터뷰를 건지는 게 쉬운 일은 아니다.

그런데 동료 중에 이렇게 힘든 시민 인터뷰를 유독 잘하는 기자가 있다. 그의 뉴스에 나오는 시민은 유독 거리낌 없이 속마음을 그대로 드러낸다. 면허 없이 불법으로 전동 킥보드를 타는 청소년과의 대화다.

"부모님은 혹시 이거 타는 거 아세요?"

"아니요. 잘 모르세요."

"걸리면 혼나려나?"

"앗! 당연하죠."

다음은 학교에서 삼각김밥과 컵라면을 저렴한 가격으로 먹다가, 서울의 유명 사립대나 지방 국립대 학생들은 같은 값에 훨씬 좋은 메뉴를 제공받고 있다는 사실을 처음 알게 된 지방의 한 사립대 재학생의 말이다.

"진짜요? 전 다 컵라면 주는 줄 알았는데, 밥을 주는 거예요? 우아, 맛있겠다."

카메라 앞에서도 부끄러움이나 주저함 없이 자신의 치부나 감정을 있는 그대로 드러낸다. 시민의 목소리가 꾸밈없이 생동감 있게 전달되니, 그의 뉴스는 일단 눈길을 끈다. 중요한 건 이런 현장감 있는 인터뷰를 통해 해당 뉴스에서 지적하고자 하는 문제의 심각성이 더 잘 드러나고, 취재 의도가 더 분명하게 전달되니, 더 나은 세상을 만들고자 하는 뉴스 본연의 역할이 잘 구현될 가능성이 크다는 것이다.

그의 소속 부서 팀장이 되어 취재 과정을 면밀히 들여다볼 기회가 있었다. 팀장은 팀원인 기자들이 쓴 기사를 미리 확인하고, 수정하여 더 좋은 기사로 만들 책임이 있다. 이를 위해 취재 원본 영상을 매의 눈으로 꼼꼼히 들여다보며 영상 어딘가에 숨어 있을 주옥같은 인터뷰 한마디를 찾는다.

이 기자의 취재 영상에서는 남들과는 다른 점이 있었다. 일단 영상의 길이가 압도적으로 길었다. 한두 시간은 기본, 긴 건 6~7시간에 이르는 것도 있었다. 취재원들이 그만큼 많은 말을 한다는 의미이다. 그와 만난 취재원들은 한번 입을 열면 시간 가는 줄을 모르고 이야기를 풀어냈다. 억울한 사연이 있는 사람은 실컷 한풀이를 했고, 하고자 하는 얘기가 있는 사람은 잔뜩 신이 나서 얘기를 쏟아 냈다. 기자가 굳이 특별한 질문을 하지 않아도 상대가 알아서 깊은 속내를 여과 없이 드러내니, 생생하고 인상적인 내용의 인터뷰가 차고 넘쳤다. 그 좋은 이야기들을 시간의 제약으로 뉴스에 다 담아내지 못하고 버려야 하는 것이 매번 아쉬울 정도였다.

그들은 어떻게 처음 보는 기자에게 그렇게 속마음을 터놓고 얘기할 수 있을까. 그 기자는 어떻게 사람들로부터 돋보이는 인터뷰를 끌어낼 수 있을까. 인터뷰 장면을 오랫동안 지켜

보니, 그에게는 상대의 말을 들을 때 눈에 띄는 한 가지 특징이 있었다. 상대에 대한 공감을 몸으로 표현한다는 것이었다. 그는 안타까운 얘기를 들을 때는 상대의 손을 꼭 잡아 주고, 용기가 필요한 사람에게는 등을 토닥여 주었다. 슬픈 이야기에는 자신의 눈가도 함께 촉촉해졌고, 재미있는 얘기에는 몸이 뒤로 젖혀져 넘어질 듯 박장대소를 했다. 이야기를 듣는 그 순간만큼은 언니처럼 누나처럼 그리고 딸처럼 상대의 아픔과 상처, 기쁨과 환희에 자신도 공감하고 있음을 온몸으로 표현해 주었다. 그의 이런 열렬한 공감에 상대는 경계를 풀고 마음의 빗장을 활짝 열어젖혔다.

무언가 호소하고 싶은 이에게 절실히 필요한 건 상대의 공감이다. 하지만 진심이 느껴지지 않는 말뿐인 공감은 오히려 상대의 마음을 더 닫게 만든다. 내가 당신의 얘기를 들을 준비가 돼 있음을, 내가 진심으로 당신의 얘기에 공감하고 있음을 말이 아닌 몸으로 보여 주는 것만큼 상대에게 믿음과 신뢰를 주는 게 또 있을까. 상대로부터 진짜 얘기를 듣고 싶다면, 몸으로 듣는 마법을 익힐 필요가 있다.

● 직장 상사의

목소리

점심시간에 사무실을 둘러보면 의외로 혼자 식사하러 가는 팀장을 어렵지 않게 볼 수 있다. 혼자 밥 먹으며 사색을 즐기고 싶어서 조용히 식사하러 가는 팀장도 있지만, 팀원들과 함께 먹고 싶어도 같이 밥 먹자고 하면 불편해할까 봐 혼밥을 선택하는 사람도 적지 않다. 이들은 처음에는 몇 번 팀원들에게 식사를 제안했다가, 썩 좋아하지 않는 눈치가 보이면 일상적인 혼밥의 길로 들어서는 패턴을 보인다. 아직도 시대의 변화에 둔감한 일부 팀장은 시도 때도 없이 팀원들에게 식사 자리와 술자리를 강권하기도 하지만, 요즘 눈치 없이 그랬다가는 꼰대 소리를 듣다 자칫 잘못하면 직장 내 괴롭힘으로 신고를 당할 수도 있다.

언제부터인가 직장 상사 딴에는 구성원과 좀 더 친밀해지기 위해 다가가는 시도가 매우 경계해야 하는 행동이 된 분위기이다. 오랜 세월 불합리한 조직 문화 속에 개인의 사생활이 함부로 침해받았던 어두운 과거에 대한 반작용이기도 하고, 뉴스에서 심심찮게 들려오는 권력형 범죄 소식이 가져온 우려의 산물이기도 하다.

그러다 보니 요즘은 직원들과 함께 식사를 하며 밥값을 내주는 상사보다는 직원들에게 신용카드를 주고, 자신은 식사 자리에서 빠져 주는 상사가 개념 있고 센스 넘치는 상사로 여겨지기도 한다. 팀원들 입장에서는 윗사람이 없어 불편하지 않고, 자신들 취향에 맞는 음식과 장소를 마음대로 골라 편한 분위기에서 즐겁게 얘기를 나누며 식사할 수 있으니, 팀원들끼리의 팀워크도 다질 수 있다는 점에서 긍정적으로 받아들여지곤 한다.

하지만 팀장의 얼굴 없는 카드 한 장이 가져오는 팀장과 팀원 사이의 단절은 피할 수 없다. 팀장이 진심으로 하고 싶은 이야기, 팀원이 평소 품고 있는 진짜 속내는 네모난 플라스틱 카드 한 장만으로는 전해지지 않는다. 팀장을 향한 팀원들의 감정은 좋아질 수 있지만, 감정만으로 소통이 되지는 않는다.

소통에는 다소 불편하더라도 반드시 갖춰야 할 요소가 있다. 말이나 행동을 통해 서로의 생각이나 감정을 주고받는 것이다. 말과 글 같은 언어적 수단을 쓸 수도 있고, 표정과 동작 같은 비언어적 수단이 동원될 수도 있다. 어느 쪽이든 소통을 하려면 일단 접촉이 있어야 하고, 시간이 필요하다. '명확한 의사 표현'과 '정확한 이해'가 없는 배려와 존중만으로는 제대로 된 소통이 이루어질 수 없다. 팀장이 가끔 팀원들에게 카드를 주고 자신은 빠지는 건 폼 나는 일이지만, 그것이 일상이 되면 오히려 조직에 불통을 가져오는 계기가 될 수 있다. 선의에서 비롯된 행동이 예기치 못한 안 좋은 결과를 가져오게 되니 참으로 안타까운 일이다.

그런데 이런 소통의 부재가 꼭 상사만의 잘못일까? 뚜렷한 상하 관계가 있는 조직에서 더 큰 책임이 상사에게 있는 것은 분명하다. 하지만 소통의 책임을 상사의 몫으로만 돌릴 수는 없다. 소통에는 반드시 양쪽의 당사자가 존재한다. 반대편 당사자에게도 상사와 소통을 위해 노력해야 할 책임이 있다. 본인은 아무런 노력도 없이 팔짱만 끼고 앉아서 상사가 소통을 위해 노력하지 않는다고 모든 책임을 떠넘기는 건 구성원으로서 무책임한 행동이다. 한 조직에 몸담고 있다면, 자신도 적극적인 소통을 위해 상사에게 다가가려는 노력을 해야 한다. 더구나 요즘처럼 상사가 구성원들의 눈치를 살펴야 하고, 조심할 게 많아진 상황에서는 더욱 그러하다. 예전보다 팀원의 권리가 존중되는 만큼 책임도 커져야 하는 것이다.

그러려면 우선 적극적으로 상사의 말을 들어 보려는 노력이 필요하다. 여기서 듣는다는 건 귀로 듣는 것만을 의미하지 않는다. 누군가의 말을 듣는다는 건 그 사람의 마음을 듣고, 의도와 목적을 제대로 이해하는 것을 의미한다.

동료 중에 어느 팀에 가도 항상 힘들다고 말하는 사람이 있었다. 가는 팀마다 불평불만이 넘쳤다. 가장 큰 불만은 팀장에 대한 것이었다. 팀장으로 누굴 만나도 항상 하는 얘기가 똑같았다.

"팀장이 너무 이상해."

"도대체 팀장을 이해할 수가 없어."

하지만 그렇게 이해가 안 된다면서도 팀장과 제대로 대화를 해 보려는 노력은 하지 않았다. 팀장이라면 누구나 추구하는 팀의 방향이 있을 텐데, 한 번도 팀장에게 그걸 묻거나 들어 보려는 노력은 하지 않고 뒤에서 비판만 했다. 소통이 되지 않아 팀장의 의도와 추구하는 바를 알지 못하니, 일의 초점은 자꾸만 어긋났고, 가는 곳마다 적응하지 못해 팀이 자주 바뀌었다.

잘 듣는 건 상대를 위한 수동적인 행위가 아니라, 나를 위한 능동적인 행위이다. 상사가 소통하지 않는다고 나 역시 상사와 소통하려는 노력을 하지 않으면 결국 가장 손해 보는 건 나 자신이다. 나와 결이 다르다고, 말이 통하지 않는다고 벽을 쳐 버리면 결국 그 벽에 내가 가로막혀 버리고 만다. 불편해도, 듣기 싫어도 잘 듣기 위해 노력해야 하는 이유이다. 제대로 들어야 제대로 말할 수 있고, 제대로 일할 수 있다.

● 화난 사람과의

대화법

방송 기자는 종종 위험한 취재 현장에 가야 할 때가 있다. 아직 불길이 다 잡히지 않아 검은 연기가 피어오르는 대형 화재 현장 속으로 들어가기도 하고, 여진이 계속되고 있는 지진 피해 현장이나, 물에 잠긴 수해 현장의 한복판을 무방비 상태로 돌아다니기도 한다.

그런데 이런 사고나 재해 현장에 가는 것보다 더 위험한 게 사람을 만나는 일이다. 사회 감시 기능을 하는 언론의 특성상 각종 비리나 부조리, 부패 문제를 취재하게 될 때가 많은데, 취재 현장에 가면 문제의 당사자가 취재를 거부하며 격한 반응을 보이는 경우가 다반사다. 기자 신분을 밝히고 카메라를 드는 순간 욕지거리는 기본이고, 심한 경우 카메라를 몸으로 막으면서 주먹을 휘두르고, 발길질을 하며 폭력을 쓰는 경우도 있다.

처음에는 이런 일을 겪을 때마다 최대한 이성적으로 상대를 설득하려 노력했다. 상대가 아무리 화를 내고 모욕적인 말을 해도, 감정을 억누르고 예의를 갖춰 취재의 필요성과 정당성에 대해 또박또박 잘 설명하려 했다.

하지만 그럴수록 상황은 더 악화되기만 했다. 무슨 말을 해도 상대의 화는 가라앉지 않았고, 내 말이 논리적일수록 상대는 오히려 더 기분이 나빠져서 목소리가 커져 버리기 일쑤였다. 일단 화가 나면 이성과 논리의 영역에서 완전히 이탈해, 어떤 논리도 통하지 않는 무한 감정의 영역으로 들어가 버리는데, 이런 상태에서는 취재 역시 제대로 진행되기 어려웠다.

한 기업의 비리 문제를 취재하러 갔을 때였다. 그날도 어김없이 화난 상대의 거친 목소리가 나를 맞이했다. 자신의 잘못을 전혀 인정하지 않는 적반하장에 막무가내로 화를 내다 보니 차분히 취재 의도에 대해 설명할 여지가 없었다. 별수 없이 그대로 듣고 있으니 상대는 했던 얘기를 또 하고, 또 하고 계속해서 반복했다. 그렇게 거의 한 시간 정도가 흘렀을까. 계속 화를 내던 사람이 갑자기 말을 멈추고 나를 바라봤다.

"기자님도 참 대단하네요."

"네?"

"대단하다고요. 이걸 다 듣고 있어요?"

처음보다 한결 잦아진 목소리였다.

"기자가 들으러 왔으면 다 들어야죠."

어이가 없다는 듯 헛웃음을 지으며 그가 말했다.

"그래서 뭘 어떻게 해 주면 돼요?"

본인 입장에서 억울한 이야기를 실컷 다 하고 나니, 흥분이 가라앉으면서 화도 누그러진 모양이었다. 차분히 취재 경위와 이유에 대해 설명하자, 그제야 상대도 내 얘기에 귀를 기울였다. 결국 당사자의 입장을 기사에 충분히 반영해 주기로 약속하고 무사히 취재를 마쳤다. 기사는 당초 취지대로 잘 나갔고, 그토록 화를 냈던 당사자 역시 더 이상 보도와 관련해 문제를 삼지 않았다.

그날 이후, 화난 사람을 취재할 때 상대를 대하는 습관이 생겼다. 먼저 내 얘기를 자세히 하지 않고, 상대의 얘기를 끝까지 들어 주는 것이다. 상대가 얘기하고 싶을 때까지, 더 이상 할 말이 없을 때까지 다 들어 준다. 여기서 중요한 건 상대의 얘기 중에 부당하고 동의할 수 없는 부분이 있어도, 내 마음속에서 화가 불끈불끈 치밀어 올라와도 상대의 말을 중간에 끊지 않는 것이다.

그렇게 자기가 하고 싶은 말을 실컷 한 상대는 적당히 감정이 풀리면서 화도 처음보다 가라앉는다. 그러고 나면 대화를 할 여지가 생긴다. 실제로 들어 보면 상대가 하고 싶은 얘기를 끝까지 다 한다고 해도 생각보다 시간이 오래 걸리지 않는다. 하고 싶은 말은 한정돼 있기 때문에 몇 번 반복해서 얘기하고 나면 할 얘기가 떨어지면서 화도 함께 잦아들곤 했다. 그렇게 하다 보니 내가 기사에서 비판적으로 다룬 상대와 보도 후 오히려 가까운 사이가 되는 예상 밖의 일이 벌어지기도 했다.

실컷 화내고 소리 지르며 속마음을 터놓고 얘기하다가 정이 든 것이다.

　세계적인 명상가로, 많은 이들로부터 큰 존경을 받은 베트남의 틱낫한(Thich Nhat Hanh) 스님은 그의 저서 《화》에서 내 마음에 화가 나는 것을 집에 불이 난 것에 비유했다. 일단 불이 났다면 불을 끄는 게 먼저지, 불이 난 원인을 따지고, 불낸 사람을 잡는 게 우선이 아니라는 것이다. 그러면서 내 마음속 화를 다룰 때는 우는 아이를 대하듯 해야 한다고 말했다. 엄마가 우는 아기를 달래기 위해 품에 끌어안고 함께 숨을 내쉬며 편안하게 보듬고 달래 주듯 내 마음속 화를 소중히 다스려야 한다는 것이다.

　내 마음이 아닌 상대의 마음속 화를 대할 때도 마찬가지가 아닐까. 상대가 스스로 화를 다스릴 수 있으면 좋겠지만, 그렇지 않다면 내가 대신 상대 마음속 화를 달래 줄 필요가 있다. 《법구경(法句經)》에는 이런 구절이 나온다.

　'맹렬한 불길이 집을 태워 버리듯, 말을 삼가지 않으면 이것이 불길이 되어 내 몸을 태우고 만다.'

　상대가 화를 낸다고 나도 화를 참지 못하고 대거리를 하면, 불길은 점점 더 활활 타올라 나까지 삼켜 버리게 된다. 내가 그 불길에 타 버리지 않기 위해서라도 화난 사람의 이야기를 끝까지 들어 주는 노력은 필요한 일이다.

● 행간의 의미 읽기

드라마 〈이상한 변호사 우영우〉에는 갖가지 사정으로 법의 심판대에 서게 된 여러 인물들이 나온다. 그중에는 성격이 괴팍한 치매 남편을 간병하다 남편의 모진 말에 욱하고 순간적으로 다리미를 휘둘렀다가 남편이 쓰러지면서 법정에 서게 된 할머니도 있다.

할머니는 사고 직후 경찰 조사에서 지긋지긋했던 남편과의 기억을 떠올리며 "죽이고 싶었다"고 말하는 바람에 살인 미수 혐의를 받게 된다. 자폐성 장애를 갖고 있는 변호사인 주인공은 그게 할머니가 진심으로 한 말이 아니었을 거라는 생각으로 직접 만나 다시 한번 당시 심경을 묻지만 할머니는 계속해서 같은 말을 반복한다.

"죽이고 싶었다니까…."

하지만 병실에서 남편을 대하는 할머니의 모습을 유심히 지켜본 주인공은 할머니에게 그건 결코 당신의 본심이 아니라고 말한다.

"자는 사람에게 햇볕이 들까 봐 커튼을 쳐 주고, 잠에서 깰까 봐 조심하는 건 죽이고 싶은 사람에게 하는 행동이 아니에요. 그건 사랑하는 사람에게 하는 행동이에요."

자신보다 자신의 마음을 더 잘 읽어 낸 변호사 덕에 법정에서 본심을 솔직하게 토로할 수 있었던 할머니는 결국 무죄 판결을 받게 된다.

이처럼 겉으로 드러난 말 속에 숨겨진 진의를 읽어 내는 것을 '행간의 의미를 읽는다'고 표현한다. 행간이란 글에서 행과 행, 즉 줄과 줄 사이의 공간을 의미한다. 행간의 의미를 읽는다는 건 이렇게 종이 위에 적힌 문장들을 읽어 내려가면서 그 사이에 숨겨져 있는 진짜 의미를 이해하는 것을 뜻한다. 본래 글을 읽을 때 쓰이던 말이지만, 말 역시 겉으로 드러나는 말보다 그 속에 담긴 상대의 심중을 읽어 내는 게 더 중요하다는 점에서 바람직한 대화법을 얘기할 때 자주 쓰인다.

길을 지나다 만난 동료나 지인에게 같이 밥을 먹자고 제안하자 상대가 이렇게 말한다.

"그래요. 언제 한번 먹어요."

겉으로 드러난 말은 '밥을 먹자'는 것이다. 하지만 행간의 의미는 정반대로 '먹고 싶지 않다'일 가능성이 크다. 정말 먹고 싶다면 '언제 한번'이라는 기약 없는 조건을 걸지 않고, 바로 약속을 잡는다. 차마 대놓고 "당신과 썩 먹고 싶지 않네요"라는 말을 할 수는 없기에 애써 둘러말한 완곡한 거절인 것이다. 간혹 이런 행간의 의미를 읽지 못한 채 계속해서 반복적으로 밥을 먹자고 제안하며 상대를 괴롭히는 사람도 있다. 특히 선배나 직장 상사가 후배나 아랫사람에게 이런 식으로 접근하면 상대는 괴롭다.

회사를 다녀온 연인이 화난 얼굴로 이상한 상사나 나쁜 동료로 인해 괴로웠던 일을 말하며 목소리를 높인다. 그 말의 뜻은 내용이나 사건, 등장인물과 관계없이 오직 하나다.

'내 편 좀 들어 줘.'

그럼에도 불구하고 그 속뜻을 읽지 못한 채 이성적으로 누가 잘하고 잘못했는지 잘잘못을 따지고, 책임 소재를 가리며 누가 옳고 그른지를 말하면 상대로부터 차갑게 식어 버린 목소리로 이런 말을 듣게 된다.

"판사 나셨네."

행간의 의미를 읽지 못한 사례다.

팀장에게 말하는 팀원의 "괜찮습니다"가 진짜 괜찮다는 것이 아닐 수 있고, 팀원에게 말하는 팀장의 "적당히 해"가 진짜 일을 적당히 하라는 뜻이 아닐 가능성이 크며, 객지에 떨어져 사는 자녀에게 전화를 걸어 말하는 어머니의 "올 필요 없다"가 진짜 오지 말라는 뜻이 아니기에 상대의 얘기를 들을 때는 행간의 의미를 잘 읽어 내야 한다.

오랜 기간 가깝게 지내던 후배와 같은 팀이 되어 매일 단둘이 함께 일하는 프로젝트를 맡은 적이 있다. 워낙 친한 사이라 함께 일하면 재미있을 줄만 알았는데, 막상 일을 해 보니 적잖이 피곤했다. 후배와의 사이에 어떤 안 좋은 일이 있었던 건 아니었다. 언제나 평소처럼 웃음이 오갔고 일도 즐거웠다.

문제는 서로가 '행간의 의미'를 너무 잘 읽는다는 데 있었다. 내 말투가 아주 미세하게 바뀌기만 해도 후배는 나에게 뭔가 안 좋은 일이 있다는 걸 바로 알아채고 마음을 살폈다. 후배의 눈빛이 살짝 흔들리기만 해도 나는 그에게 어떤 불편한 감정이 있다는 걸 눈치채고 그걸 찾아 해소해 주려 노력했다. 나도, 그 후배도 서로 소중한 관계를 조금이라도 해치지 않기 위해 서로의 말 속에 담긴 행간의 의미를 열심히 읽은 것이다. 몇 달간 함께 일하는 내내 둘의 행간 읽기 싸움은 계속됐고, 그만큼 피곤함도 계속됐다. 하지만 원래 친했던 우리는 프로젝트가 끝난 뒤 더욱 돈독한 사이가 되었고, 서로를 전보다 더 많이 이해할 수 있게 되었다.

상대를 이해하기 위해서는 그 사람의 말에 집중하되, 말에 얽매이면 안 된다. 말 속의 말, 말 너머의 말을 들어야 한다. 그러려면 상대에 대한 깊은 관심과 배려가 있어야 한다. 말의 내용에만 함몰되지 않고 그 사람의 말투, 어조, 눈빛, 표정, 그리고 침묵까지 함께 읽을 때 비로소 진짜 말을 들을 수 있다. 말을 읽는 것은 결국 그 사람을 읽는 것이다.

두려움과 상처의

마음 듣기

요즘 회사에 신입 사원이 들어오면 선배들이 하는 말이 있다.

"그만두지 마. 알았지?"

예전에는 상상도 못 했던 말이다. 일이 아무리 힘들고 선배들이 어려워도 꾹 참고 일하는 게 당연한 분위기였으니까. 하지만 젊은 세대를 중심으로 직장과 일자리를 바라보는 시선이 달라지면서 이제는 워라밸이 좋지 않거나, 적성에 맞지 않거나, 사람이 싫으면 정년이 보장되는 탄탄한 정규직 일자리라도 과감히 사표를 던지는 모습을 심심찮게 볼 수 있다.

회사나 선배들 입장에서는 거르고 걸러서 뽑은 귀한 신입 사원을 정성 들여 가르쳐 놨다가, 이제 좀 쓸 만하다 싶으면 그만둔다고 하니 죽을 맛이다. 신입 사원 한 명 한 명의 동향을 예의 주시할 수밖에 없다. 괴롭히는 사람은 없는지, 힘들지는 않은지, 틈날 때마다 물어보지만 대답은 한결같다.

"괜찮습니다."

그래 놓고 며칠 뒤 날아오는 사직서. 뭐가 잘못된 걸까? 신입 사원의 말을 말 그대로만 들었을 뿐, 말 너머의 진짜 말을 듣지 못한 거다.

신입 사원이 입으로는 꺼내지 못한 진짜 말을 들으려면 귀로 들리는 말에 얽매이지 않고 평소 모습을 세심하게 살펴야 한다. 자녀를 학교에 보낸 부모가 혹시나 자녀에게서 달라진 점은 없는지 깊은 관심과 애정을 갖고 살펴봐야 하는 것과 비슷하다. 학교에서 동급생들로부터 괴롭힘과 폭력을 당하는 피해자들은 대부분 장기간 고통을 겪으면서도 부모에게 그 사실을 알리지 않고 숨긴다. 부모가 학교에서 힘든 일 없냐고 물어보면 조용히 같은 말만 반복한다.

"없어요…."

아이가 말하지 않는 '말 너머의 말'을 들으려면 부모는 아이의 변화를 세심하게 관찰해야 한다. 혹시 안 보이는 부위에 멍이 들지는 않았는지, 갑자기 전보다 많은 돈을 필요로 하지는 않는지, 평소 안 하던 행동을 하지는 않는지, 언젠가부터 표정이 어두워지지는 않았는지 유심히 지켜봐야 아이가 말하지 않는 진짜 말을 들을 수 있다.

직장에서도 마찬가지다. 팀장이라면 신입 사원뿐만 아니라 다른 팀원들에 대해서도 '말하지 않는 말'을 들으려 노력해야 한다.

예전에 함께 일했던 팀장 중 팀원들에 대해 놀라울 정도로 잘 아는 사람이 있었다. 그 팀장은 팀원들이 누구를 좋아하고 싫어하는지, 어떤 일을 꺼리고 부담스러워 하는지, 팀장에게 말하지 않는 속내까지 꿰뚫어 보고 있었다. 어떨 때는 팀원 자신조차 미처 알아채지 못했던 속마음을 팀장이 알고 있어 깜짝 놀라기도 했다.

팀장이 팀원들 사이의 내밀한 인간관계와 일에 대한 성향을 정확하게 파악하고 있으니, 부서에서 인력을 배치하고 운영하는 데 있어서 탁월한 능력을 발휘했다. 팀원들은 같이 일하고 싶지 않은 사람과 공동 프로젝트를 해야 하는 괴로움을 피할 수 있었고, 가급적 원하는 분야의 일을 맡아서 능력을 잘 발휘할 수 있었다.

비결은 그 팀장의 놀라운 관찰력에 있었다. 그는 점심시간이면 팀원이 주로 누구와 밥을 먹으러 가는지, 회식 자리에서 누군가 얘기를 하면 누가 귀를 잘 기울이는지, 서로 눈을 잘 마주치는 사람은 누구고, 눈길을 피하는 사람은 누군지를 세심하게 살폈다. 몸으로 자연스럽게 드러나는 마음의 얘기를 주의 깊게 들은 것이다.

이처럼 내 동료가 무슨 일을 할 때 더 흥이 나는지, 맡은 업무에 따라 말수가 적어지지는 않는지, 유독 퇴근이 늦어지지는 않는지 유심히 살펴봐야 그 사람의 마음에 든 멍을 볼 수 있고, 그의 상처와 공포를 읽어 낼 수 있다.

사람은 누구나 자기만의 상처가 있고 공포가 있다. 하지만 말로는 꺼내지 않아 겉으로 잘 드러나지 않고, 때로는 정반대의 모습으로 나타나기도 한다. 그렇게 차마 말하지 못하는 내 말을 알아서 들어 주고 이해해 주는 누군가 있다면 얼마나 든든하고 힘이 될까. 그래서 오늘도 더 잘 듣는 사람이 되기 위해 눈을 더 크게 떠 본다.

● 고민을 들어 줄 때

여러 가지 삶의 고민을 갖고 있는 이들이 종교를 가리지 않고 찾아가 해답을 얻는 것으로 유명한 법륜 스님의 즉문즉설 강연을 본 적이 있다. 처음 강연 제목을 들었을 때 왜 제목이 '즉문즉답(卽問卽答)'이 아닌 '즉문즉설(卽問卽說)'인지 궁금했다. 바로 묻고 바로 답한다는 뜻의 즉문즉답이 더 간결하고 명쾌한 표현인데 왜 굳이 사전에도 없는 새로운 표현을 만들어 썼을까. 그런데 강연을 보다 보니 그 이유를 알 것 같았다. 강연 자리에서 질문자들이 갖가지 고민을 다 쏟아 내면, 스님은 곧바로 명쾌하게 답을 주지 않았다. 대신 계속 질문을 던졌다. 대부분 질문자의 마음을 묻는 근원적이고 근본적인 질문이었다.

"부모님이 너무 원망스럽습니다. 부모님을 미워하는 마음 때문에 너무 힘이 듭니다."
"그럼 부모님을 원망하지 않으면 되잖아요. 왜 계속 원망해요?"

"제가 돈을 너무 낭비해서 걱정입니다."
"그럼 낭비하지 마세요. 왜 낭비를 합니까?"

고민을 단번에 없애 줄 단순명료한 해답을 기대하고 왔던 질문자들은 거꾸로 자기가 답해야 하는 상황에 당혹스러워 한다. 스님의 질문에 답하기 위해 이런저런 생각을 하고 뒤를 돌아보다 쉽사리 대답이 떠오르지 않아 따지기도 하고, 말문이 막혀 답답해하기도 한다. 그래도 스님은 계속 묻는다. 진정으로 마음이 원하는 게 뭔지, 원하는 걸 왜 못 하는 건지, 뭐가 문제인지…. 그렇게 계속되는 질문에 대답을 하다 보면 어느 순간 스스로 해답을 찾는다. 그러면 스님은 말한다.

"난 어떻게 하라고 한 적 없어요. 당신 스스로 찾은 겁니다."

그래서 묻는 질문에 바로 답을 주는 즉문즉답이 아닌, 그 자리에서 함께 얘기를 나누는 즉문즉설인 것이다. 실제로 법륜 스님은 즉문즉설에 대해 이렇게 설명했다.

"인생에는 답이 없습니다. 자기가 선택하고 책임지는 게 인생입니다. 즉문즉설은 대화를 나누며 스스로 답을 찾아가는 자리입니다."

그렇게 고민을 안고 있는 이들은 자신의 마음을 들여다보고 스스로 해답을 찾기 위해 오늘도 스님을 찾는다.

심리 상담사들도 비슷한 방법을 쓴다. 상담을 하기 위해 찾아온 사람들이 고민을 토로하면 심리 상담사들은 즉각적으로 해법을 제시해 주지 않는다. 대신 적절한 질문을 통해 본인의 마음속으로 들어가도록 유도한다. 어쩌면 이미 알면서도 애써 피하고 외면하며 모른 척했던 것들을 정면으로 마주하게 해 줌으로써 잊었던 것을 떠올리고, 스스로 깨닫게 하는 것이다.

이는 현대 심리학과 상담 기법에 혁신적인 변화를 가져온 심리학자 칼 로저스(Carl Ransom Rogers)의 인간 중심 치료 이론에 토대를 두고 있다. 이 이론은 내담자가 자신의 문제를 스스로 해결할 수 있는 능력을 지니고 있다는 신념에 기반한다. 상담가는 신뢰와 공감을 통해 내담자의 가치를 인정하고 존중함으로써 자신이 처한 문제를 객관적으로 보고, 스스로 해결할 수 있도록 도와준다. 그렇게 자신의 내면을 탐구하고 이해하다 보면, 문제를 깊이 이해할 수 있게 되고, 결국에는 해결 방안을 찾게 된다. 해답을 주는 것이 아니라 찾도록 도와주는 것이다.

그런데 대부분의 사람들은 주변 사람들로부터 갑자기 고민을 듣게 되면 자신이 해답을 찾아 주려 애를 쓴다. 상대에게 무엇이라도 도움을 주고 싶은 순수한 마음의 발로이다. 하지만 여기서 많은 문제가 발생한다. 고민이 되는 문제에 대해 가장 잘 알고 있는 당사자조차 아무리 생각해도 나오지 않는 해답을 제삼자가 그 자리에서 찾는 건 쉬운 일이 아니다. 상당수가 해

답을 찾으려고 머리를 싸매다 적절한 답을 찾지 못한 채 어쭙
잖은 조언을 건네거나, 아무 도움 안 되는 묻지 마 응원을 보내
상대의 고민을 더 깊게 만든다. 때로는 잘못된 해법으로 문제
를 더 키우기도 한다.

누군가로부터 고민을 들었다면, 우선 자신이 해답을 줄 수
있다는 생각부터 버려야 한다. 고민 있는 사람의 얘기를 잘 들
어 주는 것만으로도 충분하다. 진심으로 상대의 말을 들어 주
고, 그의 고통과 아픔에 공감하며 함께 그의 마음속으로 들어
가다 보면 상대가 스스로 길을 찾는 데 도움을 줄 수 있다. 해
답은 그 사람의 마음속에 있다.

● 고맙다는 말을
            하지 않는 사람

엘리베이터 문이 닫히는데 멀리서 누군가 달려오는 소리가 들린다. 얼른 열림 버튼을 누른 채 그가 올 때까지 기다려준다. 잠시 뒤 나타난 사람은 냉큼 엘리베이터를 타더니 가려는 층의 버튼을 누르고는 아무 말 없이 정면만 바라보고 가만히 서 있다. 자신을 위해 열림 버튼을 누르고 있던 손을 보고도 '고맙다'는 인사 한 마디가 없다. 괜히 쓸데없는 짓을 한 것 같은 기분이 든다.

길을 가는데 앞서가던 사람의 주머니에서 뭔가가 바닥에 툭 떨어지는 모습이 보인다. 다가가서 보니 신용카드다. 얇고 가벼워서 바닥에 떨어져도 큰 소리가 나지 않다 보니 떨어뜨리고도 눈치를 채지 못한 듯하다. 신용카드를 주워 들고 황급히 발걸음을 재촉해 앞에 가던 사람을 따라잡는다.

"저기요, 신용카드 떨어뜨리셨네요."

"아, 네."

무표정한 얼굴로 신용카드를 챙긴 그는 그대로 가던 길을 간다. 역시 '고맙다'는 말 한 마디가 없다. 그 말을 들으려고 한 행동은 아니지만 뭔가 허탈하다.

이처럼 고맙다는 말에 인색한 사람이 적지 않다. 누군가로부터 작은 것이라도 배려를 받았다면 응당 고맙다는 말로 감사함을 표현하는 것이 예의라는 걸 누구나 알지만, 실제로는 제대로 고마움을 표현하지 않은 채 어영부영 넘어가 버리는 거다.

가까운 사람에게는 더 인색하여 가족에게, 친구에게, 그리고 직장 동료에게 평소 많은 챙김과 배려를 받고 살아가면서도 정작 고맙다는 말은 잘 하지 않는다. 미국 조지타운대 크리스틴 포래스(Christine Porath) 교수는 저서 《무례함의 비용》에서 '고맙다'는 말 한 마디가 사람을 남다른 존재로 만든다며, 그럼에도 불구하고 직장인 중 절대다수는 동료에게 고맙다고 말하는 횟수가 기껏해야 1년에 한 번 정도뿐이라고 밝혔다.

상대에게 기대했던 '고맙다'는 표현을 듣지 못한 사람의 실망감은 생각보다 크다. 나의 성의를 알아주지 않았다는 것에 대한 서운함과 함께, 하지 않아도 될 일을 했다는 후회가 밀려온다. 나의 배려가 무시당했다는 기분에 불쾌감이 들기도 한다. 그렇다고 그걸 직접 표현하면 구차해지는 것 같아 차마 말은 못 하고 혼자 원망한다.

"아니, 최소한 고맙다는 말은 해야 하는 거 아냐?"

직장에서 이런 일이 반복되면 팀워크가 무너지기 쉽다. 퇴근 시간이 돼 사무실을 나서려는데 팀장의 얼굴이 심각하다. 한 팀원이 업무를 제대로 처리하지 못해 팀장이 오늘까지 제출

해야 하는 보고서를 완료하지 못한 상황이다. 내 일 아니니 눈 딱 감고 퇴근해도 그만이지만, 다시 자리에 앉아 하지 않아도 될 일을 넘겨받는다. 저녁 식사까지 거르고 내 일처럼 힘을 보 탠 덕에 팀장은 보고서를 마감 기한에 맞춰 무사히 제출한다. 밤늦게 피곤한 몸으로 퇴근하는데 팀장이 말한다.

"수고했어."

굳이 하지 않아도 될 일을 해 가며 팀을 위해 개인 시간을 포기한 희생과 헌신에 비해 너무나 건조한 말이다. 진심이 담 긴 '고맙다'는 말이 빠진 거다. 그렇게 지친 몸과 마음을 달래 지 못한 채 집으로 향한 그가 다음에 똑같은 상황이 벌어졌을 때에도 기꺼이 희생할 거라고 기대하기는 어렵다. 평소 긍정적 인 피드백이 없는 팀에서 팀원들이 성과를 제대로 평가받을 거 라 기대하기도 쉽지 않다. 적절한 보상을 기대할 수 없는 팀에 서 스스로 희생하고 헌신하는 팀원은 없다. 팀원의 자발적 희 생과 헌신이 없는 팀이 잘되기는 어렵다.

그럼에도 불구하고 고맙다는 말에 인색한 이유는 뭘까? 전 통적으로 감정 표현을 자제하는 것을 미덕으로 여겨 온 우리 문화에도 원인이 있지 않을까 싶다. 남들 앞에서 분노, 실망, 짜 증 같은 부정적 감정을 드러내지 않는 것을 바람직하게 생각하다 보니, 사랑과 고마움 같은 긍정적인 감정을 표현하는 것조차 주저하게 된 것은 아닐까. '말하지 않아도 알아요'라는 어느 과자 광고의 CM송처럼 굳이 말로 표현하지 않아도 상대가 내 마음을 알 거라고 짐작하는 태도가 '고맙다'는 아름다운 말마저 인색하게 만든 건 아닐까.

그러고 보면 고맙다는 말을 못 들었다고 해서 너무 실망할 것도 아니다. 상대가 고맙다는 말을 하지 않는다고 해서 고마운 마음이 없다고 단정할 수는 없으니 말이다. 상대는 나의 성의를 몰라서, 나의 호의를 무시해서 고맙다고 하지 않는 것이 아니라, 단지 감정 표현에 서툴러서, 부끄럽거나 익숙하지 않아서 고마운 마음을 드러내지 못한 것일 수 있다. 나의 배려에 상대가 감정을 드러내지 않는다고 해서 그 마음을 오해할 필요는 없다. 상대가 쭈뼛쭈뼛한 모습을 보이면 내가 먼저 말을 꺼내는 것도 방법이다.

"고맙지?"

그러면 대부분 적극적인 호응으로 그 마음을 드러낸다. 내 기준으로 상대의 마음을 오해하지 않는 것, 상대의 말을 기다리며 내 감정을 소모하지 않는 것, 그리고 수동적으로 내 귀만 열어 놓고 있는 것이 아니라, 주도적으로 상대의 입을 여는 것이 나를 지키고 상대와의 관계도 지키는 길이다.

● 말하지 않는

　　　　　얘기 듣기

기자 일을 시작한 지 20년이 지나면서 취재 현장을 떠나 후배 기자들의 기사를 봐주는 데스크를 맡게 되었다. 기자들이 매일 현장에서 발로 뛰며 취재한 것들을 써서 보내오면, 틀리거나 잘못된 것은 없는지 확인하고, 좀 더 이해하기 쉽게 고쳐서 기사로 완성시키는 일이다. 그런데 일을 하다 보니 후배들이 선배에게 속마음을 잘 털어놓지 않는다는 사실을 알게 됐다. 취재 과정에서 어떤 어려움이 있거나 문제가 생기면 바로바로 얘기해서 함께 문제를 해결하면 좋으련만, 선배가 어려워서 혹은 일을 잘 못하는 사람으로 인식될까 봐 문제가 있어도 가급적 혼자 힘으로 해결하려 애를 쓰다 일을 그르치곤 했다. 데스크는 사무실에 앉아 있다 보니 현장에 나가 있는 기자가 말을 하지 않으면 거기서 어떤 일이 벌어지고 있는지 알 수 없다. 결국 나중에 문제를 발견했을 때는 더 이상 손을 쓸 수 없는 상황이 돼 버린 이후다. 그 상황을 방치하면 자칫 큰 사고로 이어질 수 있다.

고민 끝에 찾은 해법은 현장에 나가 있는 기자와 호흡을 함께하는 것이었다. 아침에 후배 기자가 오늘 어떤 일정으로 어디에 가서 무엇을 취재하는지 파악하고 나면, 나 역시 그 후배가 움직이는 일정대로 안에서 같은 걸 고민하고 공부하며 시간을 보냈다. 그가 어떤 현장에 가 있을 시간에는 나도 그 현장에서 취재할 것들을 생각해 보고, 또 다른 곳으로 이동할 시간에는 나 역시 새로운 현장에서 알아야 할 것들을 챙겨 봤다.

그렇게 후배 기자와 함께 호흡을 하니, 그가 직접 얘기하지 않아도 보이는 것들이 있었다. '지금쯤 어디에서 무엇을 하고 있겠구나' 하고 생각하면 그 시각 그가 거기서 무엇을 고민하고 있을지, 어떤 어려움에 부딪칠 수 있을지 예상이 됐다. 후배에게 연락해 혹시 지금 이걸 고민하고 있는 건 아닌지 조심스럽게 물어보면 그는 어떻게 알았냐며 함께 의논하고 싶은 걸 얘기했다. 거기서 어떤 영상을 빼놓지 않고 담아 와야 할지, 누구에게 무엇을 물어봐야 할지, 어떤 멘트로 촬영을 해야 할지 함께 논의하니, 나중에 중요한 부분을 놓쳐서 애를 먹는 일이 줄었다. 사무실에 가만히 앉아 있다가 기자가 취재를 다 마친 뒤 뉴스 시간이 임박해서야 기사를 확인하며 궁금한 점을 한꺼번에 물어볼 필요가 없으니, 기사를 고치는 시간이 줄어드는 효과까지 있었다.

이는 상대가 말을 할 때까지 기다리고만 있지 않고, 먼저 그가 말하고 싶은 것을 파악하려 노력했기에 가능한 일이었다. 그러기 위해서는 내가 온전히 그가 되어야 한다. 함께 호흡한다는 건 같은 시간, 같은 환경에서 똑같이 느끼고 생각하는 것을 의미한다. 그렇게 그의 속으로 들어가야 그가 겉으로 꺼내지 못한 마음의 소리를 들을 수 있다.

이는 살인과 같은 중범죄를 다루는 형사들의 수사 현장에서도 볼 수 있다. 오랜 세월 범인을 잡지 못한 미제 사건을 파헤치는 것으로 유명한 TV 프로그램 〈그것이 알고 싶다〉는 범행을 다룰 때 사건 현장을 스튜디오에 똑같이 재현한다. 범행이 벌어진 곳의 크기, 모양, 색깔은 물론 피가 튄 흔적까지 똑같이 만들어 놓는다. 사건 현장을 실감 나게 표현하려는 방송의 의도도 있지만, 더 중요한 건 사건 당시의 상황을 있는 그대로 느끼는 것이다.

실제 사건 현장을 조사할 때에도 아무 때나 가지 않는다. 범행이 벌어진 것과 같은 시간, 같은 방식으로 접근한다. 범행이 캄캄한 새벽에 벌어졌다면 그 추정 시각에, 피해자가 먼 길을 걸어가다가 범행을 당했다면 실제로 그 거리를 걸어가면서 당시 상황을 재연한다. 그러면 그냥 봐서는 보이지 않던 것들이 보이기 시작한다. 현장을 비추는 불빛, 주변을 감도는 소리, 그리고 비와 바람까지 사건 당시 피해자가 느꼈던 것과 똑같은 상황을 느끼면 그 안에서 새로운 이야기가 들리기 시작한다. 죽은 피해자의 목소리가 들리는 것이다.

형사들 역시 미제 사건을 다룰 때면 수없이 현장을 찾아가 피해자와 똑같은 상황에 몸을 던지며 피해자의 목소리를 듣고자 노력한다. 그런 과정을 통해 적지 않은 미제 사건의 실마리가 풀린다.

이렇게 죽은 사람의 목소리도 듣는데, 산 사람의 목소리야 듣지 못할 이유가 없다. 상대가 말을 하지 않는다고 해서 들을 수 없다고 생각한다면 영원히 진짜 얘기는 들을 수 없다. 온전히 상대가 되어 함께 호흡하고 느껴 보면 귀가 열리고 마음의 소리가 들린다.

● 사소한 얘기와

　　　　중요한 얘기

한 중년 남성이 부인과의 말싸움 도중에 들은 명언을 얘기해 준 적이 있다. 그는 평소 집에서 부인과 사소한 일로 말다툼이 잦은데, 그날도 집에서 일상 속 작은 일로 말다툼이 벌어졌다고 한다. 남편의 습관적인 실수에 부인이 잔소리를 하면서 시작된 말다툼은 서로 대거리를 이어 가면서 점점 목소리가 커졌고, 상대의 감정을 건드는 단계로 나아갔다. 부인의 잔소리가 심하다고 생각해 온 남편은 수시로 일어나는 말다툼에 지긋지긋한 마음이 들었다. 도대체 언제까지 이렇게 집에서 아무것도 아닌 일로 싸워야 하는지 답답해 부인에게 소리쳤다.

"제발 그만 좀 하자! 맨날 이렇게 사소한 일로 싸워야겠냐?"

남편 입장에서는 나름 설득력 있는 지적이었고, 부인을 향한 일종의 호소이기도 했다. 그런데 남편의 말을 들은 부인이 정색을 하더니 이렇게 말하더란다.

"부부가 사소한 일로 싸우지, 나랏일로 싸우냐?"

그 말을 들은 남편은 말문이 턱 막혀 버렸다. 남편은 그날 깨달음을 얻었다고 했다. 일상 속에서 사람들이 다투고 갈등을 빚는 문제들은 사실 대부분 사소한 일이며, 그 일이 사소하다 하여 가볍게 다뤄선 안 된다는 거였다. 그날 이후 남편은 부인과의 말다툼을 대하는 자세가 달라졌고, 갈등도 줄었다.

우리가 친구나 연인, 부부, 부모와 자식처럼 가까운 사람과 자꾸 작은 일로 갈등을 빚는 이유는 그만큼 서로 작은 것들까지 챙기고 신경 쓰는 깊은 관계이기 때문이다. 나와 상관없는 먼 사람과 작은 문제로 갈등을 빚을 일은 거의 없다. 가까운 관계일수록 상대의 작은 일도 크게 다가오기에 쉽게 넘겨 버리지 못한다. 그렇게 상대가 중요하게 생각하는 것을 사소한 얘기로 치부하고 무시하면 갈등이 일어날 수밖에 없다.

여기서 유념해야 할 건 사람마다 각자 중요하다고 생각하는 것과 사소하다고 생각하는 것의 기준이 다르다는 점이다. 나에게는 너무나 사소하고 가벼운 얘기가 상대에게는 매우 중요한 얘기일 수 있고, 그 반대일 수도 있다. 비록 내가 중요하지 않게 생각하는 얘기라 해도, 소중한 사람이 그걸 중요하게 여긴다면 나도 그 문제에 관심을 갖고 상대의 말을 귀담아 들어야 한다. 나는 별것 아닌 하찮은 일이라고 생각하는 얘기가 상대에게는 애가 타고 마음이 쓰이는 큰 얘기일 수 있다.

하지만 상당수의 사람들이 상대가 중요하게 생각하는 얘기를 자신의 기준으로 사소하게 여기고 가볍게 대하면서 갈등과 불화를 낳는다. 사귀는 사람이 모임에 나갈 때 어떤 옷을 고를지 고민하며 의견을 묻는데, 성의 없는 대답을 내놓는다.

"그냥 아무거나 입어."

배우자가 수십 년간 응원해 온 자신의 분신과도 같은 야구 팀의 경기 결과에 속상해하고 있을 때 이해할 수 없다는 투로 말한다.

"그게 뭐가 중요해? 그딴 거 좀 보지 마."

상대가 중요하게 생각하는 얘기를 자신의 기준으로 재고 쉽게 판단하는 것이다. 상대를 이해하거나 공감하려는 노력을 전혀 찾아볼 수가 없다. 그렇게 가까운 사람으로부터 자신의 기준과 취향을 무시당한 상대의 마음속에는 서운함과 실망감 같은 부정적인 감정이 싹트고, 이런 일이 반복되면 갈등의 골이 깊어져 관계가 악화된다. 나중에 소중한 사람을 잃은 뒤 '무슨 옷 하나 가지고 그래?', '야구가 그렇게 중요해?'라며 억울해할 수 있지만, 그건 맥을 잘못 짚은 거다. 상대가 실망한 건 옷이나 야구가 아니라 자신의 얘기를 함부로 대하는 그 사람의 태도다.

부부 관계에 문제가 생겨 TV 솔루션 프로그램을 찾는 사람들이 상담가에게 자주 하는 말이 상대가 '사소한 것으로 트집을 잡는다'거나 '쓸데없는 것에 집착한다'는 것이다. 본인 입장에서는 전혀 중요하지 않은 것을 상대가 왜 그토록 크게 생각하는지 이해가 안 될 수 있다. 하지만 상대에게는 트집 잡는 문제가 사소한 것이 아니며, 집착하고 있는 문제가 결코 쓸데없는 것이 아니다. 상대 입장에서는 쉽게 물러서거나 양보하기 어려운 중요한 가치와 관계된 것일 수 있다. 그걸 사소한 것, 쓸데없는 것으로 치부하는 한 영원히 갈등은 해결되지 않는다.

일을 할 때도 마찬가지다. 마감 시간을 중요하게 생각하는 상사와 일을 한다면 반드시 기한을 지키도록 노력해야 한다. 마찬가지로 퇴근 시간을 중요한 가치로 생각하는 팀원과 일을 한다면 최대한 퇴근 시간이 보장되도록 팀을 끌고 가는 것이 옳다. 물론 마감과 퇴근 시간은 지켜지는 게 기본이지만, 상대가 중요하게 여기는 가치를 염두에 두어야 한다는 말이다. 내가 중요하게 생각하지 않는다고 '그게 뭐가 중요하냐'며 상대방의 취향이나 성향을 가볍게 대하면 결국 돌아오는 건 이유를 알 수 없는 오해와 갈등뿐이다.

지금 만약 내 주변의 누군가가 사소한 얘기로 나와 갈등을 빚고 있다면, 나는 왜 그런 사소한 것조차 이해해 주지 못할까를 생각해 볼 필요가 있다. 가까운 사람으로부터 사소한 것도 이해받지 못하면 마음의 상처는 더 깊을 수 있다. 사랑하는 사람일수록 사소한 얘기가 더 중요한 얘기다.

● 감정은 하나의 얼굴을
                        하지 않는다

상대의 얘기를 들을 때는 그의 감정에 집중해야 한다. '무슨 말을 하는가'를 이해하는 데 그치지 않고, '무엇을 느끼고 있는 가'를 알아야 진짜 얘기를 들을 수 있다. 그런데 문제는 얘기를 나누다 보면 종종 상대의 감정이 헷갈린다는 것이다.

"그렇게 하면 좋기는 하겠네요."

"그 얘기를 들으니 시원섭섭하네요."

"저는 괜찮을 것 같습니다."

좋다는 건지 뭔가 아쉽다는 건지, 정말 괜찮다는 건지 아니면 걱정되는 점이 있다는 건지 헷갈린다. 그러면 답답한 마음에 상대를 추궁하게 된다.

"그래서 진짜 원하는 게 뭐예요?"

하지만 상대 역시 똑 부러지게 얘기를 못 한다.

"글쎄요… 저도 잘 모르겠어요."

마치 상대에게 뭔가 문제가 있는 것 같지만, 지극히 정상적인 반응이다. 어느 순간 나타나는 사람의 감정은 하나가 아니기 때문이다. 기쁜 마음 뒤에 걱정스러운 마음이 있고, 고마운 마음 뒤에 부담스러운 마음이 있다. 반가운 마음 뒤에 서운한 마음이 있기도 하고, 그리운 마음 뒤에 원망스러운 마음이 들 때도 있다. 감정은 매우 복합적인 것이어서 하나의 일에 대해 서너 가지 혹은 그 이상의 감정이 함께 생기는 게 일반적이다.

취업 준비생이 오랫동안 고대했던 합격 소식에 기쁘고, 반갑고, 기대되기도 하지만, 한편으로는 불안하고, 걱정되기도 하고, 아쉬운 마음이 들기도 하는 식이다.

그런데 이런 복합적인 감정을 이해하지 못하면 오해가 생긴다.

"그때는 괜찮다고 했는데?"

"분명 즐거워했단 말이야!"

나중에 상대의 감정이 내가 이해했던 것과 달랐다는 것을 알게 되면 혼란스러워진다. 내가 본 건 뭐였는지, 내가 잘못 느낀 건지, 더 나아가 상대에게 속은 것은 아닌지 억울한 기분까지 든다.

이는 상대가 느끼는 여러 감정 중 일부에만 집중한 데서 비롯되는 일이다. 복합적인 감정 중에 어느 하나에만 집중하면 왜곡이 생긴다. 한 감정이 과장되고 확대되는 반면, 나머지 다른 감정들은 축소되고 무시된다.

그렇게 집중하고 확대되는 감정은 보통 듣는 이가 상대에게 바라는 것이다. 심각하게 말다툼을 벌인 상대에게 사과의 말을 건넸을 때, 상대가 사과를 받아들이면 그의 마음속에 있던 안 좋은 감정이 모두 해소됐다고 생각할 수 있다. 그러나 그렇게 사과 한 번으로 안 좋은 감정이 말끔히 해소되길 바라는 건 나의 바람이다. 상대는 비록 사과를 받아들이기는 했지만, 마음 한 켠에 여전히 서운함과 실망감 같은 앙금이 남아 있을 수 있다.

학업으로 큰 부담을 느끼고 있는 자녀가, 회사 업무로 많은 스트레스를 받고 있는 친구가, 육아로 힘든 시간을 보내고 있는 배우자가 '잘 지내고 있다'고 말한다고 해서 그게 전부가 아니다. 힘들어도 견딜 만하다는 마음속 어딘가에는 내일을 향한 기대와 희망 같은 긍정적인 마음과 함께 뜻대로 되지 않는 현실에 대한 무력감과 좌절감 같은 부정적인 감정이 똬리를 틀고 있을 수 있다. 이 복잡한 마음에서 '괜찮다'는 마음만 느낀다면 그건 상대가 괜찮기를 바라는 나의 마음이 작동한 결과이다. 내가 보고 싶은 대로, 듣고 싶은 대로, 그리고 느끼고 싶은 대로 상대의 감정을 해석하고 있는 것이다.

이런 감정의 오해가 없도록 하기 위해서는 말하는 상대의 감정 속으로 한 걸음 더 들어가려는 노력이 필요하다. 상대의 입장에서 한 번 더 생각하고, 한 번 더 질문해야 한다. '괜찮다'는 얘기를 들었다면 그것으로 끝나는 것이 아니라 다시 한번 묻고 관심을 가져야 상대의 숨은 감정까지 느낄 수 있으며, 어쩌면 말하는 사람조차 알지 못했던 진짜 감정을 끌어낼 수 있다. 《증일아함경(增一阿含經)》에는 이런 구절이 나온다.

'마음은 쉬지 않고 나무 사이를 타고 다니는 원숭이와 같다.'

감정은 하나가 아니라는 걸, 감정은 고정돼 있는 게 아니라 수시로 변화하며, 말하고 있는 와중에도 바뀌고 있다는 걸 이해할 때 상대의 얘기를 제대로 들을 수 있다.

2장

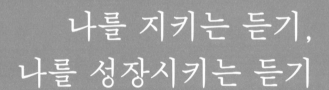

나를 지키는 듣기,
나를 성장시키는 듣기

● 악플을 대하는

　　　　　자세

〈악플러 죽이기(De Kuthoer, The Columnist)〉라는 영화가 있다. 2020년에 나온 네덜란드 영화로, 칼럼니스트인 주인공이 자신을 저격하는 악플들을 참지 못하고, 악플러들을 하나씩 찾아가 죽이는 내용이다. 극단적으로 과장된 내용이라고 생각할 수 있지만, 현실에서 악플로 인해 피해를 보는 이들의 고통은 영화보다 더하면 더했지 덜하지 않다. 과거에는 악플로 피해를 보는 사람이 공인이나 연예인 같은 일부의 유명 인사들이었다면, 요즘은 인스타그램, 페이스북 등 SNS가 보편화되며 누구나 악플의 대상이 될 수 있다는 점에서, 나를 향한 과도한 비난과 비방을 어떻게 대할 것인가 하는 건 누구나 고민해 봐야 할 문제가 됐다.

공중파 방송에서 기자와 앵커로 일해 온 나는 악플이 매우 익숙하다. 방송을 통해 내가 쓴 기사는 물론 이름과 얼굴, 이메일 주소 등 개인 정보가 그대로 공개되다 보니, 시시때때로 온갖 악플을 경험하게 된다. 정치적인 비판부터 인신공격, 단순한 욕설까지 그 내용도 다양하다. 공통점은 상대를 배려하지 않은 감정적이고 과도한 비난이 주된 내용이라는 점이다. 사실에 근거하지 않은 거짓 주장에 해명할 길이 없어 속을 끓이기도 했고, 편견으로 가득 찬 오해에 억울해서 밤새 잠을 못 이룬 적도 있다. 그런 일을 자주 겪는다고 해서 쉽사리 익숙해지거나 무뎌지지는 않았다.

악플을 가장 세게 겪은 건 회사 공식 유튜브 채널에서 시사 라이브 프로그램을 진행했을 때였다. 주중에 매일 생방송으로 진행되는 한 시간가량의 방송 내내 채팅창에 악플이 끊임없이 올라왔다. 악플은 안 보고 무시하는 게 최선이라는데, 유튜브 라이브 방송의 특성상 채팅창으로 올라오는 글을 실시간으로 보면서 시청자들과 소통해야 하다 보니, 악플이라고 안 보려야 안 볼 수가 없었다. 방송 중에 집요하게 올라오는 비난과 욕설들 속에서 의미 있는 내용을 찾아내 대답하고, 카메라 앞에서 표정 관리까지 하는 게 보통 고역이 아니었다.

그런데 방송을 거듭하다 보니, 이 악플러들이 달리 보이기 시작했다. 프로그램이 살아남으려면 실시간 접속자 수를 늘려야 하는데, 방송 때마다 잊지 않고 찾아와 채팅에 참여하고 댓글을 달아 주는 이들이 조회 수 증가에 톡톡히 역할을 해 주고 있었다. 무플보다는 악플이 낫다는 말을 실감하는 순간이었다. 그렇게 생각하니 꼬박꼬박 자기 시간을 내서 일부러 찾아와 악담을 해 주는 그들이 한편으로 고맙기도 했다. 그 후 요주의 인물들이 등장하면 아이디를 부르고 안부를 물었다.

"○○ 님, 오늘도 찾아와 주셨네요. 고맙습니다!"

항상 찾아와 비난을 하던 사람이 어쩌다 안 보이기라도 하면 걱정의 말을 남겼다.

"오늘은 왜 안 오셨을까요. 무슨 일이 있는 건 아닌지 걱정되네요."

자신의 아이디를 불러 주고, 인사를 나누자 악플러들도 놀란 듯했다. 다른 데서는 철저히 외면당하거나 무시당하기만 했는데, 일부러 불러 주고 오히려 챙겨 주니 예상하지 못한 반응이었던 것이다. 무슨 말을 해도 비난하고 빈정대기만 하던 사람들이 조금씩 누그러지더니 점차 즐거워하는 모습이 보였다. 시간이 흐르자, 우리 프로그램에 가장 적대적이었던 이들이 가장 우호적인 참여자가 됐다. 나중에는 새로운 악플러가 나타나 채팅창에서 악담을 내뱉기라도 하면 이들이 적극 나서서 우리를 옹호해 주는 수호대가 됐다.

마지막 방송 날, 이들 중 한 명과 전화 연결을 했다. 울먹이는 목소리로 전화를 받은 그는 방송 초반 내게 모진 얘기를 했던 게 너무 미안하고 마음이 아프다고 했다. 그는 그렇게나마 자신이 쏟아 놓은 말의 찌꺼기들을 주워 담으려 애를 썼다. 한없이 여리고 약한 사람이 그곳에 있었다.

심한 악플은 법적 처벌의 대상이다. 스스로 범죄의 영역에

발을 내디딘 악플러들은 말로 지은 죄에 대해 책임을 져야 한다. 하지만 그보다 중요한 건 악플을 대하는 내 마음가짐이다. 악플러를 분석한 심리학자 린다 카이(Linda K. Kaye) 박사는 이들이 사디즘(Sadism, 가학성애)과 정신병증 같은 성격적 특성을 갖고 있다고 했다. 다른 여러 연구에서도 악플러는 다양한 종류의 정신병적 문제를 갖고 있다는 결과가 나오고 있다. 정확한 병명에서는 차이가 있지만 공통되는 분석은 이들이 심리적으로나 정신적으로 아픈 사람이라는 것이다.

일상 속에서 불시에 가장 약한 곳을 찌르고 들어오는 악플이라는 칼날에 다치지 않으려면, 그 칼을 관심과 치료가 필요한 아픈 사람이 허공에 휘두르는 종이칼쯤으로 생각해야 한다. 아픈 사람의 말이다. 그들의 말에 무게를 두지 않고, 가치 없는 허위일 뿐이라는 걸 기억할 때, 악플의 칼날은 종잇장처럼 힘을 잃어, 나에게 상처를 줄 수도, 어떤 흔적을 남길 수도 없게 된다.

● 상처받는 말을

들었을 때

학교나 직장처럼 여러 사람과 어울려야 하는 조직 생활이 힘든 건 때때로 그들 중 누군가로부터 상처받는 일을 겪게 되기 때문이다. 다양한 배경과 성격을 가진 사람들과 장시간 반복적으로 부딪치다 보면 그중에는 별생각 없이 내 아픈 곳을 찌르며 상처를 주는 사람도 있고, 때로는 내 약점을 웃음거리로 삼는 사람도 만나게 된다.

그럴 때마다 자신을 더 힘들게 하는 건 상처를 준 사람에게 제대로 대응하지 못한 스스로에 대한 실망과 자책이다. 무례한 말이라는 게 평소 내가 직접 듣게 될 거라고는 생각하지 못했던 상식 밖의 얘기인 경우가 대부분이라, 갑자기 그런 상황에 처하게 되면 어떻게 반응해야 할지 몰라 당황하다 제대로 대꾸도 못 한 채 상황이 종료돼 버리기 일쑤다. 그러다 내 얼굴에 불쾌한 감정이 드러나기라도 하면 오히려 무례한 말을 한 사람으로부터 핀잔을 듣기 십상이다.

"너무 예민한 거 아냐? 웃자고 한 얘기잖아. 농담도 못 해?"

이런 얘기까지 듣게 되면 더욱더 말문이 막혀 버려 더 이상 어떤 대꾸도, 반박도 하기가 어렵다. 이후 슬금슬금 찾아와 시도 때도 없이 괴롭히는 감정이 자책이다.

'왜 그때 바보같이 아무 말도 못 했지?'

'나도 한 방 먹여 버렸어야 되는데….'

뒤늦게 혼자 침대에 누워 후회하고 이불을 차 봐도 이미 지나간 일, 한번 놓쳐 버린 기회는 다시 오지 않는다. 정작 잘못을 한 당사자는 죄책감 없이 잠만 잘 자는데, 아무 잘못 없는 나만 잠을 설치며 내 탓을 하고 있으니, 참으로 억울한 일이다.

문제는 그렇게 남에게 상처 주는 말을 입버릇처럼 하는 사람이 의외로 적지 않다는 것이다. 자신이 별생각 없이 던지는 말이 상대에게 어떤 상처를 주는지 알지 못한 채 무례한 말을 반복적으로 내뱉고, 그러다 상대가 상처를 받았다는 사실을 알게 되면, 자신은 상처 줄 '의도'가 없었다는 말로 스스로에게 면죄부를 주곤 한다.

이런 사람들로부터 상처받는 일이 잦아지자 이들과 가급적 선을 긋고 멀리하려 노력했다. 업무 이외의 사적인 대화를 줄이고, 꼭 대화를 해야 할 때면 용건만 간단히 전했다. 반성도 없이 무례한 말을 반복적으로 하는 사람으로 인해 상처받기보다는, 좋은 사람과의 관계를 더 깊게 하려 노력했다. 많고 많은 사람 중에 굳이 말이 바르지 않은 사람과 억지로 인연을 이어갈 필요는 없다고 생각했다.

물론 완전히 선을 긋는 데는 한계가 있었다. 멀리하려 해도 자꾸만 따라와서 나쁜 말을 하는 사람도 있었고, 밀접한 업무

관계로 인해 내 의지와는 달리 수시로 얼굴을 마주할 수밖에 없는 곤혹스러운 상황도 있었다. 그럴수록 더 이들과의 사적 관계는 깊게 가져가지 않으려 노력했다.

그런데 한 조직에 20년쯤 몸을 담고 지켜보니 눈에 들어오는 것이 있었다. 언젠가부터 이들이 조직에서 가장 외로운 사람이 되어 있었던 것이다. 이들에게는 공통적인 특징이 있는데, 타인의 감정에 대한 이해와 공감 능력이 부족하다는 것이다. 그러다 보니 사회성이 떨어져 주위 사람들로부터 사랑받고 싶어도 어떻게 해야 하는지 방법을 몰랐다. 상대와 친하다고 생각해서 하는 말이 상대를 불쾌하게 하거나 모욕감이 들게 했고, 사람들은 점점 더 멀어져 갔다. 그렇게 조직에서 외로움이 깊어질수록 이들은 스스로를 방어하기 위해 자신을 과도하게 높이 평가하는 경향이 강해졌다. 사람들과 대화할 때면 직설적이고 공격적으로 대하는 경우가 많았고, 배려하고 포용하는 모습은 점점 더 찾아보기 어려워졌다.

그럴수록 사람들은 이들을 피했다. 나만 이들을 멀리하는 게 아니라, 모두가 멀리했다. 주변에 사람이 없었다. 처음에는 똑같은 동료였던 사람이 어느 순간 조직에서 소외된 가장 불쌍하고 측은한 사람이 되어 있었다. 굳이 내가 받은 상처에 대해 응징하지 않아도, 오랜 시간 여러 사람들에게 말로 지은 죄의

대가를 혹독히 치르고 있었다. 이들이 생각 없는 말로 상처를 준 사람은 나 하나가 아니었기 때문이다. 이들이 이렇게 측은한 사람이라고 생각을 하니, 더 이상 이들의 무례한 말에 큰 타격감이 들지 않았고, 상처도 받지 않았다.

그렇게 보면 내가 누군가의 말로 상처를 받았을 때 그걸 되갚아 주지 못했다 하여 크게 아쉬워할 일도 아니다. '왜 나는 그때 제대로 받아치지 못했나', '왜 나는 그에게 똑같이 상처를 주지 못했나' 하고 자책할 필요도 없다. 상대가 나에게 말로 상처를 줬다고, 나 역시 그렇게 같은 방식으로 되갚아 준다면, 그것이 또 다른 화살이 되어 나에게 되돌아올 수 있다. 이 악순환이 되풀이되지 않게 하려면 내가 끊어 주는 게 옳다. 굳이 내 입을 더럽히지 않아도 그들은 결국 대가를 치르게 되어 있다.

● 대답하기 곤란한 말에

　　　　　대처하기

"기억이 나지 않습니다."

정치권 뉴스에서 많이 듣는 말이다. 특히 각종 청문회에서 곤란한 질문을 받은 당사자들이 이 말을 애용한다. 장관을 하겠다고 나섰다가 인사 청문회에서 국회의원으로부터 자녀의 위장 전입 문제나 과거 감췄던 음주 운전 의혹 등이 제기되면 평소 그렇게 똑똑하고 말 잘하던 분들이 갑자기 집단으로 기억상실증에라도 걸린 듯 이 말을 되뇐다.

"모르는 일입니다."

"기억이 없습니다."

곤란한 질문에 변명을 한답시고 구체적인 설명을 했다가 나중에 거짓말이 들통나거나 책임을 지게 되는 상황을 모면하기 위해 대답을 회피하는 것이다.

곤란한 질문은 정치인들만 받는 게 아니다. 살다 보면 주변에서 굳이 대답하고 싶지 않은 얘기나 감추고 싶은 개인적인 일에 대해 대화를 나눌 준비가 돼 있지 않은 시점에 불쑥 질문을 받을 때가 있다.

"지금 받는 연봉은 얼마야?"

"지난번 면접은 어떻게 됐어?"

"애는 언제 낳을 건데?"

심지어 나와는 상관없는 일에 대해 곤란한 질문을 받기도 한다. 여러 사람 앞에서 정치, 종교 같은 민감한 주제에 대한 생각을 묻거나, 내가 큰 관심 없는 사회 이슈에 대한 입장을 밝힐 것을 강요받는 것이다.

그렇다고 정치인들처럼 "모르는 일이다", "기억이 나지 않는다"며 대답을 회피하는 것도 쉽지 않다. 애초에 얘기하고 싶지 않은 질문을 눈치 없이 던진 상대가 끈질기게 질문을 이어 가며 나를 괴롭힐 가능성이 크다. 자칫 내가 상대와 대화 자체를 하기 싫어하는 것으로 오해를 살 수도 있다.

이럴 때 적당히 불편한 감정을 담으면서도 부드럽게 대화를 이어 가는 방법이 있다. 질문을 한 사람에게 되묻는 것이다. 내가 얘기하고 싶지 않은 걸 물으면 상대에게 공손하게 질문의 이유를 묻는다.

"연애해요?"

"그게 왜 궁금하세요?"

이렇게 반문을 하면 오히려 상대가 당황한다. 별생각 없이 그냥 던진 질문이라 왜 물었는지 자신도 잘 모르기 때문이다. 그럴싸한 대답을 내놓기 위해 억지로 이유를 찾다 보면 자신이 얼마나 생각 없이 질문을 한 것인지, 자신의 질문이 얼마나 불필요한 것이었는지 스스로 깨닫게 된다.

질문의 필요성에 대해 되묻는 방법도 있다.

"이번 정부의 ○○ 정책에 대해 어떻게 생각해요?"

"그게 많이 중요한가요?"

대답하기 곤란한 문제에 대해 나의 입장을 물으려던 상대는 오히려 해당 주제의 중요성에 대해 고민하고 답을 내놓아야 하는 처지에 놓인다. 이 정도 상황이 되면 웬만한 사람들은 내가 해당 주제에 대해 얘기하고 싶어 하지 않는다는 걸, 그 질문을 불편해한다는 걸 눈치채고 더 이상 같은 질문을 이어 가지 않는다. 이후에 또다시 같은 종류의 질문을 하지 않을 가능성이 크다는 점도 기대할 수 있는 효과다.

간혹 전혀 눈치를 못 채고, 얘기하고 싶지 않은 주제에 대해 계속해서 질문을 하는 사람도 있다. 그럼 나도 계속 되물으면 된다. 가급적 상대가 단답형으로 대답할 수 없도록 의문사를 넣어서 묻는 게 좋다.

"그 문제를 '왜' 지금 고민해야 할까요?"

"그건 '누구'한테 중요한 걸까요?"

"이에 대해 '어떻게' 접근하는 게 좋을까요?"

이렇게 질문이 이어지면 상대도 지쳐서 적당히 질문을 접게 된다.

인터뷰나 면접처럼 공적으로 꼭 필요한 상황이 아니라면, 상대에게 불편한 질문을 하지 않는 건 기본적인 예의다. 단순한 호기심에, 심심풀이로 상대에게 곤란한 질문을 생각 없이 던지는 건 배려가 없는 것이다. 그럼에도 불구하고 그런 불쾌한 내용을 화제로 삼는 건 일부러 상대의 기분을 상하게 하고 싶거나 모욕을 주려는 의도라기보다는 그게 불필요하거나 예의 없는 질문임을 모르는 경우가 대부분이다. 그런 상황을 방치하면 내가 불편하고 괴로운 것도 있지만, 더 큰 문제는 상대와의 관계마저 틀어질 수 있다는 것이다. 가장 좋은 방법은 상대가 깨닫게 해 주는 것이다. 상대가 자신의 잘못된 질문 습관을 알고 고치게 해 주는 것이 내 기분도 상하지 않고, 상대와의 관계도 해치지 않는 길이다.

● 너를 위한

　　　　거라는 말

'널 위한 거야'

유명 가요의 제목이기도 한 이 말, 누구나 어린 시절 한 번쯤은 부모님한테 들어 본 말일 것이다. 드라마에서는 자식을 향한 부모님의 과보호를 상징하는 말로 쓰이기도 하고, 때로는 이별을 통보하는 연인이 상대를 향해 던지는 분노 유발 핑계로 등장하기도 한다.

일상에서도 종종 듣게 되는데 보통 친구나 동료, 지인 등 주변 사람들이 부탁하지 않은 충고를 불시에 할 때 꺼내곤 한다.

"딴생각 말고 더 늦기 전에 결혼해. 널 위해서 하는 말이야."

"아이 생각하면 둘째는 꼭 낳아야 해. 다 너 위해서 하는 말이야."

"네 연차에 경력 개발하려면 이제 다른 부서도 경험해야 해. 너 생각해서 하는 말이야."

일단 이런 말을 들으면 내가 동의할 수 없는 내용이라 해도 대놓고 반박하거나 비판하기가 어렵다. 나를 위해서, 나를 생각해서 한 말이라지 않는가. 내가 부정적인 반응을 보이면 자칫 날 생각해 주고 나를 위해 고민해 준 상대의 성의와 호의를 걷어차 버리는 것만 같다. 논쟁적 사안에 대해 상대의 입을 막아 버릴 수 있는 마법의 말이 바로 '널 위한 거'란 말이다.

특히 부모나 형제, 부부, 연인 같은 가까운 사람일수록 이 말은 위력을 떨친다. 나를 사랑하는 사람이 날 위해 해 주는 말이니, 그 의도를 의심하기는 어렵다. 그래서 '착한 사람 콤플렉스'가 있는 사람일수록 이 말에 큰 영향을 받는다. 상대가 사랑과 관심이라는 이름으로 던지는 이 그물에 걸리는 순간 헤어날 방법이 없다.

그렇게 상대의 말을 따라서 좋은 결과가 나오기도 하지만, 부작용도 적지 않다. 상대의 말은 어디까지나 상대를 기준으로 한 것이지, 나를 기준으로 한 것이 아니다. 나의 개성과 성향, 취향을 기준으로 한 것이 아니라 상대가 세상을 바라보는 시선이 기준이 된다. 결국 그것이 다수가 옳다고 생각하는, 남이 보기에 좋은 것일지라도 내가 진정 바라는 것은 아닐 수 있다.

'널 위한 거'라는 말에는 은연중에 너의 판단보다 나의 판단이 옳다는 의미가 담겨 있기도 하다. '너의 판단이 미숙하거나 정확하지 않으니, 나의 판단을 따르라'는 일종의 가스라이팅(Gaslighting)이 작동하는 것이다. 판단하고 결정하는 일은 기본적으로 힘든 일이다. 여러 요소를 고려해 최적의 결론을 내릴 수 있는 지혜와 경험이 필요하다. 그만큼 많은 에너지가 소모되다 보니 일상 속에서 작은 것조차 판단하고 결정하는 일을 남에게 미루는 '결정의 외주화'를 선호하는 사람들이 적지 않다. 식당에 가서 무엇을 먹을지조차 결정하지 못하고 남에게 맡기거나, 중요하지 않은 사소한 업무 결정도 내가 하지 않고 매번 그 판단을 상사에게 미루는 식이다. 그래서 '널 위한 것이니, 내 판단을 믿고 따르라'는 일상 속 가스라이팅은 의외로 쉽게 먹힌다. 받아들이는 입장에서 오히려 그게 편하고, 부담이 없기 때문이다. 그런 일이 반복되고, 습관이 되면 나중에는 스스로 판단하고 결정하는 능력을 상실하게 된다.

무서운 건 이런 습관이 자칫 범죄의 표적이 될 수 있다는 것이다. 요즘 사회적으로 큰 문제가 되는 데이트 폭력, 가정 폭력, 직장 내 괴롭힘 등의 각종 범죄 사건들을 들여다보면 그 이면에는 어김없이 가스라이팅이 등장한다. 착하고, 약하고, 외로운 사람일수록 '널 위한 거'라는 말에 쉽게 흔들리고, 한번 그 덫에 걸리면 스스로의 힘으로는 빠져나오지 못한 채 범죄의 피해자가 된다. 무비판적으로 상대의 선의(善意)만 믿었던 순수한 마음이 예상 밖의 참혹한 결말을 맞게 되는 것이다.

진정으로 날 위하는 사람은 '널 위한 거'라는 말을 하지 않는다. 말이 아닌 행동으로 보여 주고 느끼게 해 준다. 고등학생 시절 우리 학교에는 유독 학생들에게 엄한 선생님이 한 분 계셨다. 퇴직이 얼마 남지 않은 백발의 선생님은 학생 생활지도를 담당하는 학생주임도, 학생부 교사도 아닌 평교사였지만 다른 선생님들보다 아침 일찍 학교에 나와 교문 앞에서 학생들의 등굣길을 지켜보고, 시간이 날 때마다 쉬지 않고 학교 곳곳을 돌아다니며 학생들의 잘못된 태도나 습관을 지적하고 나무랐다.

특이한 건 한창 반항심으로 똘똘 뭉쳐 있을 남자 고등학생들이 유독 이 선생님에 대해서는 어떤 지적을 받아도 군소리 없이 잘 받아들였다는 것이다. 비결은 선생님의 특별한 이력에 있었다. 우리 학교를 졸업한 선배인 선생님은 퇴직을 앞두고 마지막으로 모교에 가서 후배들과 함께하고 싶다며 자원해서 평교사로 우리 학교에 온 분이었다. 선생님은 단 한 번도 학생들에게 '널 위한 거'라는 말을 하지 않았지만, 학생들은 후배가 잘되기를 진심으로 바라는 노교사의 그 순수한 마음을 느낌으로 알았다. 그렇기에 선생님이 혹독하게 혼내도 발끈하거나 반항하지 않고 순순히 그분의 말을 받아들였다.

날 위하는 사람이 누군지는 상대가 굳이 입으로 말하지 않아도 본능적으로 안다. 누군가 '널 위한 거'라고 말한다면 그때야말로 진정 날 위한 것인지 의심해 보아야 할 때이다. 어쩌면 그 말의 실제 의미는 '(너에게 참견하고 싶은) 날 위한 거야' 혹은 '(나와는 다른 네가 불편한) 날 위한 거야'일 수도 있다. 그게 정말 날 위한 것인지, 날 위하는 척하는 건 아닌지, 자신을 포장하기 위한 수사인지, 주도적으로 듣고 주체적으로 판단해야 나를 노리는 일상 속 가스라이팅의 그물을 피할 수 있다.

● 질투와 시기의 눈빛이

나를 향할 때

평소 나와 꽤 가까운 사이라고 생각하는 직원이 있었다. 단짝까지는 아니어도 가끔 만나 밥도 먹고 차도 마시며, 회사 일뿐만 아니라 개인적인 일도 상의하고 서로 속내도 털어놓곤 하는 그런 사이였다. 내 딴에는 꽤 친한 사이라고 생각했다.

그런데 그에 대한 생각이 완전히 바뀌게 되는 일이 있었다. 내가 회사에서 좀 눈에 띄는 역할을 맡게 됐을 때였다. 그와 함께 들어가 있는 단체 채팅방에서 다른 사람들이 다 형식적으로나마 축하를 해도 그는 아무 말을 하지 않았다.

며칠 뒤 우연한 기회에 그와 만날 일이 있었다. 다가가서 인사를 했지만 예전과 달리 무미건조한 인사가 되돌아왔다. 몇 마디 대화를 건네도 다 단답형으로 끝이 났다. 별로 말을 섞고 싶어 하지 않는 말투, 나와의 만남을 피하고 싶어 하는 기색이 역력했다. 그 이유를 안 건 며칠 뒤였다. 그와 친한 다른 사람을 통해 내가 맡게 된 역할을 그가 원하고 있었다는 사실을 알게 됐다. 그날 그가 나를 보던 그 차가운 눈에는 자신이 원하는 것을 가져간 사람에 대한 질투와 시기가 서려 있었던 것이다.

나와 퍽 가깝다고 생각했던 그가 내게 보여 준 모습에 나는 적잖은 상처를 받았다. 그가 원하는 것을 얻지 못해 실망하는 마음은 이해할 수 있었지만 내가 얻은 그 기회는 한 번 오고 끝나는 것이 아니라, 그 이후에도 노력에 따라 누구나 얼마든지 얻을 수 있는 것이었다. 그럼에도 불구하고 그는 그것을 얻기까지 내가 노력한 것은 전혀 생각하지 않고, 그 순간 자신이 얻지 못한 상실감에 젖어 형식적인 축하의 말 한마디도 없이 나를 멀리하고 질투와 시기의 눈빛을 보내고 있었다. 그동안 그를 좋은 사람이라고 생각하며 지내 온 시간과 내 진심이 떠올라 큰 실망감이 밀려왔다.

사람에게서 느끼는 실망감은 가급적 겪지 않는 게 좋겠지만, 안타깝게도 살다 보면 누구나 한두 번은 그런 일을 겪게 된다. 나를 시기하는 사람은 대부분 주변 사람이다. 모르는 사람, 아무 상관없는 사람을 시기하는 사람은 없다. 좋은 일이 있을 때 가까운 사람에게서 축하가 아닌 질시를 받았을 때 받는 상처는 클 수밖에 없다. 나를 잘 아는 사람이 나의 성취를 인정하지 않는 것으로 받아들여질 수 있다. 그 마음을 켜켜이 쌓아 놓을수록 상처도 더 깊어지게 된다.

요즘은 혹시라도 누군가로부터 질투와 시기를 받게 되면 우선 그가 느꼈을 상실감과 박탈감을 생각해 보려 노력한다. 자꾸만 모든 것을 줄 세우고 평가하려 하는 이 시대에 누군가의 성취는 반대로 누군가의 상실이 될 수밖에 없다. 직접적인 경쟁 상대에 있지 않은 사이라 해도, 생각보다 잘되는 누군가의 모습은 기대보다 잘 안되는 누군가에게 의도치 않은 상대적 박탈감을 줄 수도 있다. 빼어나게 잘해서일 수도 있고, 그저 열심히 해서일 수도 있고, 단지 착해서일 수도 있지만, 그렇지 못한 누군가에게는 그것이 상처가 될 수도 있다.

예전에 한 직장 후배와 둘이 야근을 했을 때였다. 함께 일을 해 보지 않아 친분이 없는 그 후배와 밤을 지새다 보니 이 기회에 좀 더 친해지면 좋겠다는 생각이 들었다. 일 없는 한가로운 시간에 개인적으로 말을 걸어 보았는데, 후배의 대답은 매번 단답형으로 돌아왔다. 분위기를 풀어 보려 농담을 건네기도 했지만 돌아오는 답은 건조하기 이를 데 없었다. 연조 차이가 나는 내가 어렵고 불편한 듯했다. 말을 걸수록 분위기는 더 어색해졌다. 결국 더 이상의 사적인 대화는 하지 않고 업무적인 대화만 하며 밤을 지샜다.

그런데 날이 밝고 내 교대 근무자가 사무실에 모습을 드러내자 밤새 굳어 있던 그 후배의 얼굴이 급변했다. 나와 비슷한 연조인 그를 향해 온 얼굴에 밝은 웃음을 지으며 달려간 후배는 농담과 장난을 섞어 가며 수다스럽게 얘기를 나눴다. 그 모습을 보고 있자니 마음속에서 질투심이 일었다. 그 후배가 나를 싫어한다거나 일부러 멀리하려 한 건 아니었지만, 두 선배를 대할 때 보이는 마음의 온도 차가 너무나 컸다. 내가 졸지에 후배에게 인기 없는 선배가 된 듯한 마음에 괜히 가만히 있는 상대가 밉게 느껴졌다. 사실 따지고 보면 후배도, 그도 나에게 잘못한 건 없었다. 후배는 같이 일해 본 적 없는 내가 불편했을 뿐이고, 그 후배와 같은 부서에서 오랜 시간 함께 일했던 그는 후배의 마음을 얻었을 뿐이다. 그럼에도 불구하고 나는 상처를 받았고, 질투가 났다. 그런 거다.

질투와 시기는 약한 마음이다. 상대를 향한 부러움의 마음이 지나쳐 견딜 수 없을 때 나를 보호하기 위해 나오는 마음이 바로 질투와 시기다. 내가 이루지 못한 것을 이루어 내거나, 내가 갖지 못한 것을 갖게 된 상대 앞에서 마음으로나마 상대를 낮추고 깎아내리지 않고서는 견디기 어려우니 상대를 향해 샘도 내 보고 미워도 해 보는 것이다. 바꿔 말하면 누군가 나를 질투한다는 것은 나에게 상대가 질투할 만한 무언가가 있다는 뜻이다. 그럼 질투하는 그를 좀 더 너그러운 마음으로 보아주어도 좋지 않을까. 그래도 기왕이면 질투를 하는 것보다는 받는 게 나으니까 말이다.

● 기쁜 일에 진심으로

화답하기

회사에서 눈에 띄는 핵심 요직에 발탁된 동료와 식사를 했을 때였다. 그가 중요한 역할을 맡은 지 시간이 꽤 흐른 뒤였는데, 이런저런 업무 얘기를 하다가 그가 불쑥 예전 얘기를 꺼냈다.

"그때 축하해 줘서 정말 고마웠어. 의외로 사람들이 축하를 안 해서 마음이 안 좋았거든. 그때 진심으로 축하해 줘서 얼마나 고맙고 위로가 됐는지 몰라."

좋은 일이 생겨 내심 동료들의 축하를 기대했던 그는 생각보다 축하를 하지 않는 분위기에 많이 놀랐다며, 왜 동료들이 축하해 주지 않는지, 자신에게 무슨 문제가 있는지 적잖이 고민을 했었다고 털어놨다.

비슷한 시기, 또 다른 동료가 나에게 매우 고마워한다는 얘기를 주변 사람에게 전해 들었다. 그는 회사에서 장기간 해외에 나갈 귀한 기회를 얻었는데, 그 역시 사람들로부터 별로 축하를 받지 못해 당황했다고 한다. 자신이 해외에 나가게 된 것에 대해 사람들이 안 좋은 시선으로 보고 있는 건 아닌지 고민스럽던 차에 내가 보내 준 진심 어린 축하의 메시지에 너무나 감동받았다며 큰 힘이 됐다고 말했다.

내가 축하한다는 표현을 잘하게 된 데에는 계기가 있다. 나 역시 회사에서 사람들로부터 축하를 받을 만한 기쁜 일이 몇 번 있었는데, 그때마다 의외로 주변 사람들이 축하를 잘 하지 않는다는 사실을 알게 됐다. 처음 그런 상황을 접했을 때는 나도 꽤 당혹스러웠다. '그동안 내가 잘못 살았나?', '사람들이 나를 싫어하나?' 별별 생각이 다 들었다.

그런데 사람들을 만나서 얘기를 나눠 보니 그런 것 같지는 않았다. 물론 질투와 시기로 절대 축하를 하지 않는 사람도 있긴 했지만, 대부분은 특별한 의도 없이 그냥 축하를 하지 않았다. 뭐 꼭 그걸 말로 표현해야 아나 싶어서, 축하한다는 말이 왠지 낯부끄러운 것 같아서, 나중에 만나게 되면 축하한다고 해야지 하면서, 이런저런 이유로 그냥 그렇게 지나갔다. 평소 축하하는 습관이 들지 않은 것이다.

하지만 이렇게 축하를 받아야 할 때 축하를 받지 못한 당사자의 실망은 작지 않다. 살아가면서 주변 사람들로부터 축하를 받을 일은 생각보다 별로 없다. 인생에서 어쩌다 한 번 벌어지는 이벤트다. 그때 한 번 주인공이 되는 것이다. 그럴 때 많은 이들로부터 축하 세례를 받아야 기쁨이 배가되는 법인데, 별로 축하를 받지 못하면 그 기쁨을 온전히 누리지 못한다. 그렇게 귀한 이벤트가 지나가 버리면 당사자로서는 아쉽고 서운할 일이다.

이런 사실을 깨닫게 된 뒤 나는 다짐을 했다.

'주변 사람의 기쁜 소식을 들으면 꼭 진심을 다해서 축하해 주자.'

그렇게 마음먹은 뒤에는 주변에서 좋은 소식이 들릴 때마다 진심으로 축하의 마음을 전하려 노력한다. 작은 선물을 주기도 하고, 그가 얼마나 축하받을 만한 자격이 있는 사람인지, 그가 이룬 일이 얼마나 대단한 일인지 강조하며 내 마음을 전한다. SNS에서도 평소 다른 일은 그냥 지나쳐도 누군가 좋은 일이 있는 사람에게는 시간을 내서 꼭 축하의 메시지를 남긴다. 축하를 하고, 감사의 인사가 오가다 보면 나도 덩달아 기분이 좋아져 즐거운 에너지가 주위를 가득 채운다. 남에게 생긴 기쁜 일로 나까지 즐거워지니 얼마나 좋은 일인가.

진심으로 축하를 받은 사람은 그때의 감동을 오래 기억한다. 나를 부쩍 가깝게 생각하고, 훗날 나에게 좋은 일이 생기면 함께 좋아하고 기뻐해 준다. 남을 위해 마음을 쓴 것이 결국에는 나에게 좋은 일로 되돌아오는 것이다.

정말 가까운 사람은 나에게 안 좋은 일이 생겼을 때보다 오히려 좋은 일이 있을 때 더 티가 난다. 안 좋은 일을 당한 사람에게는 딱히 가깝지 않은 사람도 위로를 건네곤 한다. 안된 사람을 보면 마음이 안 좋은 건 인지상정이다. 반면에 나에게 좋은 일이 있을 때 진심으로 기뻐하고 축하하는 사람은 정말 나를 아끼는 사람이다. 그는 질투와 시기의 마음 없이 온전히 내가 잘되기를 바라는 사람이다.

축하도 습관이다. 평소 주변 사람의 기쁜 일에 축하를 하지 않다 보면 정말 축하하고 싶은 일이 생겨도 어떻게 해야 할지 몰라 주저하고 당황하다 그대로 지나쳐 버리게 된다. 누군가를 감동시키는 진심 어린 축하는 진심 어린 마음에서 나온다. 타인의 성취에 그가 들인 노력과 정성을 인정하고 진정 기뻐해야 진심 어린 축하의 말도 나온다. 그게 사람도 얻고 행복도 얻는 길이다.

● 소문을

　　　대하는 자세

점심시간을 막 넘긴 어느 평일 오후. 식사를 마치고 사무실로 돌아온 동료의 얼굴에 지치고 피곤한 기색이 역력했다. 무슨 일 있냐고 물으니 동료는 한 후배와 밥을 먹었는데, 식사 시간 내내 직장 생활에 대한 한탄과 하소연, 뒷담화 등을 듣고 오니 기가 빨린 듯 지친다고 했다. 더구나 며칠 연속으로 점심시간마다 이 사람, 저 사람과 밥을 먹으며 얘기를 들었더니 힘이 든다고 말했다. 뭐 하러 그렇게 힘이 들 정도로 식사 시간마다 사람들을 만나느냐, 점심 약속을 좀 줄이고 그때만이라도 좀 편하게 밥을 먹고 쉬라고 했더니 동료는 단호하게 말했다.

"안 돼요. 사내 정보에 뒤처지지 않으려면 열심히 사람들을 만나야 해요."

직원들이 '사내 정보', 더 정확하게 말하면 '사내 소문'에 민감한 모습을 자주 보게 된다. '정보'에 민감한 기자들이 모여 있는 조직의 특성도 있지만, 다른 조직들도 정도의 차이는 있을지언정 분위기가 크게 다르지는 않은 것 같다.

요즘은 소문의 확산 속도가 엄청나게 빨라, 사내 인사와 관련한 굵직한 정보부터 어느 직원의 실수 같은 사소한 소식까지 일단 귀에 솔깃한 얘기가 나왔다 하면 직원들 사이에 거미줄처럼 촘촘히 뻗어 있는 단체 채팅방 등을 통해 삽시간에 이곳저곳으로 퍼져 나가, 단 몇 분이면 해외에 출장을 가 있거나 휴가를 내고 집에서 쉬고 있는 직원에게까지 도달한다. 그 와중에도 거미줄을 좀 헐겁게 쳐 놓은 직원의 경우 중간에 소문이 실종되는 일이 종종 벌어지다 보니, 소문을 놓치면 안 된다는 일종의 강박이 사람들의 뇌리에 박혀 있다.

나 역시 한동안 이런저런 사내 소문에 귀가 솔깃했고, 가끔은 친한 동료에게 "요즘 무슨 소문 없어?", "뭐 재미있는 얘기 들은 거 없어?"라며 공유를 요구하기도 했다. 그런데 언젠가부터 이런 소문에 회의가 들기 시작했다. 사내 소문의 심각한 부작용을 목격해서였다.

사내 소문 중 많은 비중을 차지하는 것이 '인물평'이다. 누군가에 대한 좋은 평도 있지만 아무래도 많은 이들의 흥미를 불러일으키는 건 부정적인 평이다. 누가 일 정말 못한다, 업무 능력에 문제 있다, 무능하다. 이런 소문이 한번 돌기 시작하면 그 사람과 일을 해 보지 않은 다수의 사람들조차 그에 대해 매우 안 좋은 인상을 갖고, 함께 일하는 것을 꺼리게 된다.

이는 실제 인사에까지 영향을 미친다. 직원들이 대규모로 부서를 이동하게 되는 인사 철이 되면 부서장들이 모여 인사를 논하는 일종의 인력 시장이 열린다. 여기서 각 부서장들은 서로 일 잘하고 능력 있는 팀원을 데려가고 싶어 하고, 일을 잘

못하거나 팀워크에 문제가 있는 팀원은 다른 팀으로 밀어내기 위해 치열한 눈치 싸움을 벌이는데, 안 좋은 소문의 당사자들은 각 팀장들이 서로 받기를 꺼려 이리 치이고 저리 치이다가 결국 본인의 의사와는 전혀 상관없는 부서로 가게 된다.

이렇게 한번 '소문의 늪'에 빠지면 거기서 헤어나기가 쉽지 않다. 사실과 다르거나 과장된 소문이 퍼져도 해명의 기회가 없다. 안 좋은 소문일수록 본인에게 직접 물어보기가 부담스러우니 전혀 검증되지 않은 채 소문은 점점 더 증폭되어 퍼져 나간다. 소문의 당사자가 그런 상황을 인지해도 이게 어디서 시작돼서 어디까지 퍼졌는지 알 수가 없으니 누구한테 가서 따질 수도 없다.

그런데 문제는 이런 소문 중 진실과는 거리가 먼 경우가 적지 않다는 것이다. 안 좋은 소문의 당사자들과 몇 번 일을 하게 될 기회가 있었는데 놀란 경우가 적지 않다. 실제로 같이 일을 해 보면 소문과 달리 일을 잘하거나, 설사 어느 부분에서 능력이 부족하더라도 다른 부분에서는 대단히 뛰어난 경우가 많았다. 그럼에도 불구하고 안 좋은 소문으로 인해 크고 작은 불이익을 당한 이들은 마음에 깊은 상처를 안고 있었다.

이런 몇 번의 경험 이후 나는 조직에서 사람에 대한 평가는 절대로 소문에 의지하지 않기로 마음먹었다. 내가 직접 보고 겪은 것으로만 판단하기로 한 것이다. 근거를 알 수 없고, 검증되지 않은 헛소문과 가짜 뉴스가 섞여 있는 소문은 더 이상 궁금해하지 않기로 했다. 일부러 소문을 묻지 않고, 설사 듣게 되더라도 거기에 무게를 싣지 않기로 했다.

그렇게 얼마간의 시간이 흐른 뒤 내가 내린 결론은 소문을 몰라도 하나도 불편하지 않다는 것이다. 사람들이 다 아는 소문을 놓쳐도 내게는 아무 일도 일어나지 않았다. 내가 놓쳐서는 안 되는 꼭 필요한 정보나 소문은 어차피 가만있어도 내 귀에 들어왔다. 특히 의미 있는 건 누군가에 대한 안 좋은 얘기를 공유할 때 마음 한구석에서 일어나는 불편함과 죄책감을 더 이상 가질 필요가 없게 됐다는 것이다. 출처가 불분명한 갖가지 소문으로 무장한 인싸가 되기보다는, 소문 좀 모르고 정보에 좀 늦더라도 누군가에게 상처를 남기지 않는 아싸로 사는 것이 낫다.

● 사실과 다른 험담을
들었을 때

회사에서 동료 여러 명과 식사를 할 때였다. 한 동료가 그 자리에 없는 다른 동료에 대해 안 좋은 얘기를 꺼냈다. 매우 이기적이고 무례한 사람이라는 거였다. 그 사람에 대해 내가 알고 있는 것과는 너무 다른 얘기라 적잖이 놀랐다. 이어지는 얘기는 더 놀라웠다. 누군가에게서 들은 얘기라며 그 사람이 했던 행동에 대해 말하는데, 기초적인 사실 관계부터 잘못된 얘기였다. 그 사람에 대해 잘못된 정보를 들었거나 어떤 오해가 있는 듯했다.

이해할 수 없는 건 나와 함께 있던 다른 이들의 반응이었다. 다들 별다른 반응 없이 가만히 듣고만 있었다. 그의 말에 적극적으로 호응을 한다거나 말을 보태지는 않았지만 그렇다고 어떤 설명이나 반박도 없이 조용히 듣기만 했다.

그대로 놔두면 그 사람에 대한 오해가 너무 커질 것 같아 조심스럽게 말을 꺼냈다. 내가 알고 있는 사실은 다르고, 평소 내가 직접 겪거나 지켜본 그 사람의 모습은 이기적이거나 무례한 것과는 거리가 머니, 조금만 시간을 두고 지켜봤으면 좋겠다고 했다. 그러면서 내가 알고 있는 그 사람의 좋은 면에 대해서도 덧붙여 얘기해 주었다.

처음에는 반신반의하며 내 얘기를 듣던 그는 구체적인 사례까지 소개하자 귀를 기울였다. 이내 자기가 들은 얘기와 다른 부분이 있으니 시간을 두고 그 사람에 대해 좀 더 지켜보겠다고 했다.

얼마 뒤 다시 만난 그는 내게 고맙다고 했다. 내 얘기를 들은 후 지켜본 그 사람은 자신이 알고 있던 것과는 다른 사람이었다고 했다. 마음을 열고 다시 보니 그 사람의 좋은 점들이 많이 보였다며, 자신이 크게 오해했던 것 같다고 말했다. 이후 그는 오해했던 그 사람과 아주 가까운 사이가 됐다.

사람들과 만나다 보면 누군가에 대한 오해의 얘기를 종종 듣게 된다. 서로 다른 배경과 가치관을 갖고 살아온 사람들 사이에서 얘기가 오가다 보면 오해가 생기는 건 당연한 일이다. 각자 다른 사람을 만나, 다른 경험을 하고, 다른 정보를 듣게 되니 서로의 말과 행동이 의도와 다르게 해석되고 다른 의미로 이해될 수 있다.

문제는 그렇게 타인에 대한 오해의 말을 들었을 때 어떻게 대응하느냐는 것이다. 상당수는 잘못된 얘기라는 걸 알면서도 침묵을 선택한다. 반박을 하면 상대가 무안해할까 봐, 좋았던 분위기가 어색해질까 봐, 혹은 괜히 안 좋은 얘기에 엮이고 싶지 않아서 '나만 안 믿으면 되지 뭐…'라는 자기 합리화와 함께 조용히 자리를 지킨다. 심지어 오해를 받고 있는 당사자와 매우 가까운 사람조차도 하고 싶은 말을 꾹 참은 채 입을 닫는 경우가 적지 않다.

들는 사람들의 이런 반응은 말하는 이의 오해를 강화시킨다. 말하는 사람은 듣는 사람들의 무반응을 동의 혹은 호응으로 생각하고 오해의 깊이를 더해 갈 가능성이 크다. 침묵을 동조로 받아들이는 것이다. 듣는 사람들은 의도치 않게 오해에서 비롯된 험담과 가짜 뉴스에 대한 동조자가 된다. 오해의 당사자가 나중에 그 자리에서 자신과 가까운 사람이 아무 말 없이 듣고만 있었다는 사실을 알게 되면 큰 배신감을 느낀다. 반대로 누군가 그 자리에서 침묵하지 않고 자신을 위해 변호해 줬다는 사실을 알게 되면 말로 표현할 수 없이 큰 감동을 받는다. 그래서 불편하고 어색하더라도 말을 해야 할 때는 해야 한다.

중요한 건 오해를 하고 있는 사람에게 그의 말을 지적하거나 반박하듯 하지 않는 것이다. 오해하는 사람은 나름의 근거를 갖고 있다. 그가 신뢰하고 있는 근거를 무작정 흔들면 말싸움으로 번지기 쉽다. 그러다 보면 서로 감정만 상할 수 있다. 오해의 근거를 직접 비판하기보다는 다른 쪽을 가리키는 더 많은 근거들을 함께 볼 수 있게 해 주는 것이 좋다. 상대의 결론을 무력화시키기 위해 내 결론을 강요하지 말고, 상대가 여러

근거들을 함께 살펴본 뒤 스스로 옳은 결론을 내릴 수 있게 해
줘야 한다. 그러다 보면 쉽게 풀리지 않을 것 같던 오해도 자연
스럽게 해소되는 경우가 많다. 침묵이 말보다 무거울 때도 있
지만, 말을 해야 하는 자리에서의 침묵은 금이 아니다. 비겁함
의 또 다른 모습일 수 있다.

● 내가 소문의

　　　당사자가 되었을 때

회사 안에서 나에 대한 헛소문이 돌고 있다는 사실을 알게 된 적이 있다. 회사에서 장기간 해외에 파견할 직원을 선발하는데 내가 지원하기로 마음먹고 윗사람들을 만나며 준비에 열중하고 있다는 내용이었다. 당시 나는 해외에 나갈 수 있는 상황도 아니었고, 나갈 생각조차 없었음에도, 내가 직접 지원 의사를 밝히는 걸 누군가 들었다는 소문이 구체적인 발언 내용과 함께 돌고 있었다. 소문의 내용을 보면 너무나 구체적이고 그럴듯해서 나조차도 그 얘기를 들으면 믿을 만했다.

이 일은 결국 얼마 뒤 실제 지원자들의 이름이 공개되면서 해프닝으로 끝났지만 이 과정에서 주목하게 되는 부분이 있었다. 한 조직 안에서 헛소문이 생기고 퍼져 나가게 되는 과정이었다. 으레 어떤 소문이 퍼지면 사람들은 그것이 완전한 진실은 아니더라도 소문이 생겨날 만한 어떤 작은 근거는 있었을 거라고 생각한다.

'아니 땐 굴뚝에 연기 나겠어?'

하지만 티끌만 한 근거조차 없는 완전한 백지상태에서도 상황과 조건이 그럴듯하게 맞아떨어지면 터무니없는 헛소문이 얼마든지 생겨날 수 있다. 그게 사람들의 입을 거치면 점점 구체화되고 살이 붙으면서 누구라도 믿을 만한 이야기로 완성돼 간다.

그렇게 전혀 사실이 아닌 것이 사실인 것처럼 둔갑되어 퍼져 나가면 악질적인 소문의 당사자들로서는 답답하고 환장할 노릇이다. 자신이 하지도 않은 안 좋은 말이나 행동을 했다는 헛소문이 돌아 억울함을 호소하는 동료들을 주위에서도 여럿 봤다. 그들로서는 헛소문으로 인해 자신을 보는 사람들의 시선이 안 좋게 바뀌고, 오랜 시간 힘들게 쌓아 올린 평판이 무너져 버린다고 생각하면, 억울해서 잠을 못 이루는 게 당연하다.

이렇게 조직 안에서 헛소문이 돌 때 당사자들을 가장 힘들게 하는 건 역시나 해명의 기회가 없다는 것이다. 연예인이나 유명 인사들이야 어떤 소문이 퍼지면 그 내용이 곧바로 인터넷과 SNS를 통해 불특정 다수에게 확산되다 보니 금세 본인의 귀에도 들어가지만, 일반적인 조직 안에서의 소문은 직접적인 대면으로 전달되거나 메신저를 통해 사람을 특정해서 확산되어 당사자의 귀에는 잘 들어가지 않는다. 다들 그 사람의 뒤에서만 수군댄다. 그 내용이 안 좋은 것일수록 주변 사람들조차 그에게 쉽게 전해 주기 어려워, 조직 내에서 당사자만 자신에 대한 소문을 모르는 상황이 한참 동안 지속되다가 당사자가 알 때쯤에는 소문이 퍼질 대로 퍼져 수습이 불가능한 상황이 되는 경우가 많다. 설사 자신에 대한 소문을 일찍 알게 된다 해도 유명인들처럼 공식적인 채널을 이용해 자신의 입장을 밝힐 수도 없으니 할 수 있는 거라고는 애를 태우며 억울함에 몸부림치는 것뿐이다.

각종 사건을 취재하다 보면 안타깝게도 스스로 목숨을 끊은 이들의 사연을 종종 접하게 되는데, 그들이 남긴 말 중에 자주 등장하는 것 중 하나가 '억울하다'는 것이다. 헛소문은 누군가에게 이토록 잔인한 감정을 불러일으킨다는 점에서 매우 악질적이다. 헛소문은 그 사람의 인격을 갉아먹고 인성을 파괴한다. 별생각 없이 쉽게 전하는 헛소문이 때로는 무고한 사람에게 치명적인 해를 끼치게 될 수도 있다. 더구나 그것이 당사자가 얼굴을 맞대고 살아가는 주변 사람들이 모여 있는 공간이라면 그 피해는 훨씬 더 커질 수밖에 없다.

그래서 중요한 게 평소 소문을 대하는 자세다. 헛소문이 빠르게 퍼지는 이유는 그 내용이 자극적이고 흥미롭기 때문이다. 재미있는 소문일수록 입이 근질근질해서 참기가 어렵다. 소문을 들은 뒤 의심을 해 보거나, 확인을 하기보다는 일단 퍼뜨리고 보게 된다. 하지만 미디어를 접할 때 가짜 뉴스를 걸러 들어야 하듯, 주변에서 들리는 소문들 역시 너무 쉽게 받아들여선 안 된다. 누군가에 대해 검증되지 않은 소문이라면 아무리 그럴싸한 이야기라 하더라도 함부로 예단하지 말고 당사자의 애기를 한 번쯤 들어 볼 필요가 있다. 언젠가 그 억울한 당사자가 바로 내가 될 수도 있기 때문이다.

만약 지금 이 순간 억울한 헛소문으로 인해 고통받고 있는 사람이 있다면 이 얘기는 꼭 해 주고 싶다. 사람은 누구나 살다 보면 몇 번씩 자신이 하지도 않은 일로 책임을 져야 하는 억울한 상황에 놓이게 될 때가 있다. 하지만 가짜는 진실이라는 생명력을 갖지 못해 시간이 지나면 반드시 힘을 잃게 된다. 헛소문은 때가 되면 언제 그런 얘기가 있었냐는 듯 힘을 잃고 진실이 드러나는 순간이 온다. 지금 억울하고 분해서 괴롭고 힘들더라도 포기하지 말고 세상이 내 이야기에 귀를 기울일 때까지 기다리면 반드시 때가 온다.

● 때로는 잘 듣는 것보다

안 듣는 게 낫다

힘든 일이 있으면 나에게 종종 전화를 거는 오랜 친구가 있었다. 그는 업무나 사람과의 관계로 괴롭고 고통스러운 일이 생기면 나에게 전화를 걸어 속마음을 털어놓곤 했다. 얼마나 괴롭고 고통스러운지 마음속 얘기들을 꺼내 놓으며, 내가 생각하는 해법이 뭔지 진지하게 조언을 구하기도 했다.

그렇게 내게 고민을 털어놓는 친구가 나는 고마웠다. 남에게 내보이기 부끄러울 수 있는 부분을 나에게 거리낌 없이 드러낸다는 건 그만큼 나를 믿고 가깝게 여긴다는 의미이니 그 자체로 고마운 일이라 생각했다. 내가 좋아하는 친구였기에 그의 전화를 받을 때마다 난 진심을 다해 그의 힘든 마음을 위로해 주었고, 마치 내 일처럼 공감하며 들어 주었다. 그가 나를 통해 위로를 받고, 어두운 터널에서 빠져나오는 모습을 보는 건 그 자체로 뿌듯하고 보람 있는 일이었다.

그러다 몇 년 전 내가 회사에서 힘든 일이 생긴 적이 있었다. 쉽게 해결책을 찾지 못해 애를 태우고 있는데 때마침 그 친구에게서 메시지가 왔다. 나의 힘든 상황을 모르고 있던 그는 다른 일로 얘기를 나눌 게 있어 말을 건 거였다. 나는 그와 대화를 나누다가 내가 마주한 힘든 상황을 털어놓았다. 평소 내 힘든 얘기를 주변에 잘 털어놓지 않는 성격이지만, 속마음을 나누는 친구의 연락에 힘들고 괴로운 심정이 나도 모르게 쏟아져 나왔다. 나에게 무슨 일이 있었고, 그 일로 인해 얼마나 괴로운지, 해법을 찾지 못해 고민스러운 상황까지 다 얘기하고 나니, 그에게서 답장이 왔다.

'힘들겠다.'

이어서 어떤 위로의 말을 해 줄지 기다렸는데 더 이상의 메시지는 없었다. 무미건조한 네 글자가 그에게서 온 메시지의 전부였다. 허탈했다. 다행히 그때의 힘든 일은 별 탈 없이 잘 해결되었지만 다음 날도, 그다음 날도, 그에게서는 아무런 연락이 없었다. 내가 괜찮은지, 문제는 잘 해결했는지 전혀 관심이 없었다. 돌이켜 보니, 그의 이런 태도는 처음이 아니었다. 내가 뻔히 힘든 상황에 놓여 있는 걸 알고 있어도, 그는 한 번도 괜찮은지 묻거나 위로를 해 준 적이 없었다. 자신이 힘들 때마다, 지혜가 필요할 때마다 나에게 연락해 긴 시간을 빼앗던 그가 나의 고통에는 무감각했다.

그날 이후, 나는 더 이상 그 친구의 얘기를 들어 주지 않기로 했다. 인연을 완전히 끊은 건 아니지만, 그에게 힘든 일이 있다는 소식을 간접적으로 접해도 웬만큼 큰일이 아니고선 연락하지 않았다. 내가 그의 얘기를 들어 줄수록 나 역시 그에게 때로는 위로를 받고 싶은 마음이 들 수밖에 없고, 그 기대가 충족되지 못했을 때 결국에는 상처를 받게 될 것이 분명했다. 그와의 건강하지 못한 관계를 정리하니 정신이 한결 맑아졌다. 더 이상 그에게 기대할 게 없으니 서운할 것도 없고, 상처받을 일도 없었다.

　그 일을 겪은 뒤, 나는 듣지 않는 것이 더 나은 사람의 얘기는 가급적 듣지 않으려 노력한다. 대표적인 사람이 입만 열면 다른 이들을 비난하는 사람이다. 타인을 깎아내림으로써 자신을 높이고 가치를 인정받으려 하는 사람들이 적지 않다. 이들은 사람을 볼 때 항상 약점을 찾는다. 누구나 부족한 부분이 있지만, 그 작은 약점을 찾아내면 너그럽게 품어 주는 게 아니라, 밖으로 들춰내서 강조하고 부각시킴으로써 마치 큰 문제가 있는 사람처럼 여론을 만들고, 그런 약점을 발견해 내는 자신은 뛰어난 사람으로 자리매김하려 한다. 이런 사람의 얘기를 자꾸 들으면 모든 사람이 문제 있는 사람으로 보인다. 부정적인 기운이 머리를 가득 채운다. 건강한 정신을 유지하기 위해서 이런 사람의 얘기는 듣지 않는 게 좋다.

　또 다른 종류가 타인의 노고를 무시하고 자신의 공만 내세우는 사람이다. 함께 일을 하고 고생을 했는데도 마치 자신만 고생한 것처럼 얘기하는 사람이 있다. 자신의 작은 희생은 엄청나게 크게 생각하면서, 다른 사람들의 큰 헌신은 한없이 작게 보거나 당연한 것으로 치부한다. 자신은 조금이라도 손해를 보면 난리가 나면서, 다른 사람이 입는 큰 피해에는 무감각하다. 이런 사람의 얘기를 듣고 있는 건 백해무익하다.

그 밖에 무례한 말을 반복적으로 하는 사람도 가급적 가까이하지 않으려 한다. 무례한 말도 한 번은 실수지만 반복되면 인격의 문제다. 그런 사람은 개선의 여지가 없다.

잘 듣는 건 중요하다. 그렇다고 모든 사람의 얘기를 다 잘 듣는 게 능사는 아니다. 들어야 할 얘기만 잘 들으면 된다. 잘 들어야 할 사람에게 진심을 다하기 위해서라도, 들을 것과 듣지 말아야 할 것을 구분하는 지혜는 필요하다. 무엇보다 내 마음의 건강을 위해 때로는 잘 듣는 것보다 안 듣는 게 낫다.

나를 괴롭게 하는 사람이

스승이다

듣고 싶지 않은 얘기를 자주 하는 사람들이 있다. 상대를 배려하지 않고 장시간 자기 얘기만 하거나, 입만 열면 자기 자랑을 늘어놓거나, 무례하고 불쾌한 얘기를 반복적으로 하는 사람 등이다. 이런 사람의 얘기를 듣고 있는 건 너무나 괴롭다. 기분이 가라앉고, 가슴이 답답하고, 스트레스가 치솟는다. 함께 있는 시간 자체가 고통이다. 그들과의 대화는 가급적 피하는 게 상책이다.

그런데 그러기 어려운 상대가 있다. 대표적인 사람이 직장 상사다. 직속상관인 경우 내 인사 고과를 움켜쥐고 있다 보니 업무상 불필요한 얘기나 불쾌한 얘기를 지속적으로 한다 해도 피하거나 내색을 하기가 쉽지 않다. 팀원으로서 그런 팀장을 만나게 되면 불편한 마음을 꾹 누른 채 재미없는 얘기에 억지웃음을 짓고, 동의할 수 없는 얘기에 맞장구를 쳐 주고, 관심 없는 얘기에 꼬박꼬박 대꾸를 해 줘야 한다.

나 역시 그런 윗사람을 만난 적이 있다. 매일 아침 눈을 뜨면 사무실에 나가야 한다는 사실이 고통이었다. 이렇게까지 스트레스를 받으며 일을 해야 하는지 자괴감이 밀려오기도 했다. 그런데 그 시간을 견뎌 내면서 고통을 이겨 내는 내 나름의 노하우가 생겼다. 그들을 내 반면교사로 삼는 거였다. 듣고 싶지 않은 얘기가 들릴 때마다 생각했다.

'저러면 팀원들이 정말 싫어하겠구나.'

'나는 저러지 말아야겠다.'

훗날 내가 팀장이나 책임자가 되었을 때 팀원들이 피하고 싶은 팀장, 후배들이 멀리하고 싶은 선배가 되지 않기 위한 준비와 훈련의 시간으로 생각했다. 그렇게 생각하며 들으니 듣기 싫은 얘기도 들어 볼 만한 가치가 있었다.

팀장 중에 팀원이 무슨 말을 해도 자기 고집만 내세우는 사람이 있었다. 후배들의 합리적인 의견도 자신의 생각과 다르면 받아들이지 않았다. 자신이 손을 댄 기사에 대해 해당 기사를 쓴 팀원이 다른 의견을 내면 합당한 의견에도 노골적으로 불쾌감을 내비치며 말했다.

"네 말대로 하는 거랑, 내 말대로 하는 게 뭐가 달라?"

본인 말대로 둘 사이가 크게 다르지 않다면, 후배 의견을 받아 주면 될 일을 그는 한결같이 후배 의견을 묵살하고 자기 뜻대로 했다. 대세에 아무런 지장이 없는 사소한 부분조차 후배 의견을 받아 주는 법이 없었다. 그럴 때마다 생각했다.

'나는 절대로 저러지 말아야지.'

훗날 팀장이 된 뒤 팀원과 내 의견이 충돌할 때면 그때 그 팀장, 그리고 절대로 그처럼 되지 않겠다고 다짐했던 그때의 나를 떠올렸다. 도저히 들어 줄 수 없는 본질적인 가치나 방향이 아닌 형식이나 방식에 대한 얘기라면, 가급적 팀원의 의견을 받아들이려고 노력했다. 어느 날 사회적으로 큰 파장을 일으킨 연속 보도를 마무리한 뒤 해당 보도를 담당했던 팀원이 나에게 메시지를 보냈다.

'제 의견을 최대한 반영해 주시고, 부족한 기사를 훌륭하게 고쳐 주셔서 정말 감사합니다.'

내가 팀원들과 일을 하며 내 주관을 지키면서도 고집불통의 팀장이 되지 않을 수 있었던 건 어쩌면 예전에 접했던 팀장들의 보기 싫은 모습, 듣기 싫은 말 덕이었는지 모른다. 그들이 내 스승님이었던 거다.

늘 듣기 싫은 소리를 하는 사람들과의 만남은 사람의 마음을 이해하는 데도 도움이 됐다. 상대를 배려하지 않는 부적절한 얘기를 들을 때마다 어떤 심리에서 그렇게 타인을 고려하지 않는 말이 나오는 건지를 생각해 봤다. 그들을 바라보면 공통적으로 발견되는 것이 있었다. 결핍이었다. 대체로 그런 사람들 주변에는 사람이 없었다. 힘들 때 기댈 만한, 믿고 의지할 만한 사람이 주변에 보이지 않았다. 공감 능력이 부족해 어떻게 해야 다른 사람의 마음을 얻을 수 있는지를 모르는 탓이었다. 군이 말하지 않아도 자신을 품어 주고 인정해 주는 사람이 없으니 스스로 과하게 자신을 내세우는 근원적인 외로움이 보였다. 그들이 인간적으로 측은하게 느껴지니 그들의 그 듣기 싫은 말도 들을 만했다.

드라마나 영화를 보다가 문득 주인공에게서 내가 싫어하는 나의 모습을 발견하고 깜짝 놀랄 때가 있다. 타인을 통해 비로소 나를 바라보게 되는 것이다. 나 스스로를 객관화해서 본다는 건 그만큼 쉽지 않은 일이다. 나를 괴롭게 하는 이들은 어쩌면 나 자신 좀 돌아보라고, 그처럼 되지 말라고 내게 보내 준 소중한 메신저가 아닐까.

● 나에 대해 쉽게

　　　　말하는 이에게

타인에 대해 쉽게 평가하고 쉽게 얘기하는 사람들이 있다. 그가 어떤 노력을 하고, 어떤 고민을 했는지 알지 못한 채 겉으로 보이는 것만으로 쉽게 평가하는 이들이다. 특히 상대에게 뭔가 좋지 않은 일이 있거나 그런 결과가 예상될 때 섣부른 평가와 조언으로 상처를 주곤 한다.

이런 말을 듣는 당사자는 그 말에 수긍할 수 없어도 적절히 대응하기가 어렵다. 나에 대한 타인의 평가에 적극 대응하는 것이 나를 더 작아지게 만들고, 마치 변명이나 핑계를 대는 것처럼 보일까 봐 조심하고 주저하게 된다. 그런 일이 반복되면 어느 순간 상대의 말이 맞는 것 같고, 나에게 뭔가 문제가 있는 것 같은 생각이 들기도 한다. 그렇게 타인의 말에 함몰돼 버리면 삶의 방향을 잃거나 자존감에 상처를 입을 수도 있다.

타인의 무례한 말에 흔들리지 않고 내 뿌리를 단단히 내리려면, 무례한 사람들에 의해 나의 가치가 함부로 훼손되도록 내버려두어서는 안 된다. 상대가 나를 쉽게 보고, 가볍게 판단하지 못하도록 내가 나를 변호하고 지켜 줄 필요가 있다.

내가 무언가를 도전했을 때 결과가 좋지 않다는 이유로 나를 실패한 사람으로 치부하는 이들이 있다면 분명히 말해야 한다.

"실패한 게 아니라 도전한 겁니다."

이루고자 하는 게 있어 도전에 나섰지만, 여러 조건과 상황이 맞지 않아 잠시 미뤄 둬야 할 때, 나에게 끈기가 없다며 비난의 화살을 날리는 사람이 있다면 이렇게 말해 보자.
"포기한 게 아니라 보류하는 겁니다."

단지 내가 좀 느리다는 이유로, 나의 노력과 능력을 하찮게 보는 경우에도 가만히 있어서는 안 된다.
"느린 게 아니라 꼼꼼한 겁니다."

무조건 달려가기만 한다고 능사는 아니다. 더 잘 달리기 위해서는 충전의 시간도 필요하다. 이를 게으른 것으로 본다면 그런 시각은 바로잡아 줘야 한다.
"노는 게 아니라 쉬는 겁니다."

더 잘하기 위해서는 준비하고 고민하는 시간도 필요하다. 생각이 많다는 이유로 소극적이고, 용기가 없거나 의지가 없는 것으로 매도될 수는 없다.
"나약한 게 아니라 신중한 겁니다."

특히 나의 개성에 대해 함부로 말하는 이에게는 당당하게 맞서야 한다. 좀 다르다는 이유로, 좀 튄다는 이유로 차이가 무시되고, 이상하거나 틀린 것, 잘못된 것으로 비하하는 것이야말로 그릇된 태도임을 지적해야 한다.

"이상한 게 아니라 개성 있는 겁니다."

다수가 좋아하는 트렌드를 따르지 않는다는 이유로 '구식'이라는, '올드하다'는 말을 듣는다면 이렇게 말해 보면 어떨까.

"올드한 게 아니라 클래식한 겁니다."

같은 것도 어느 방향에서 어떤 시선으로 보느냐에 따라 완전히 다른 모습으로 보인다. 중요한 건 다른 사람의 시선이 아닌 나의 시선이다. 내가 나를 따뜻한 시선으로 바라보고, 긍정적으로 대할 때 가장 빛나는 나의 참모습이 드러날 수 있다. 나를 가장 잘 알고, 나를 가장 아껴 줘야 할 나의 첫 번째 변호인은 바로 나다.

● 지적 받아들이기

한 방송사의 국장급 아나운서가 후배로부터 봉변을 당했다고 털어놓은 적이 있다. 한 후배 아나운서가 진행하는 뉴스를 들었는데 발음을 잘못하는 부분이 있어, 얼마 뒤 복도에서 마주쳤을 때 그 부분을 주의해서 발음하라고 얘기해 줬더니 그 말을 들은 후배가 발끈하며 버럭 소리를 질렀다는 것이다.

"선배는 제가 아직도 어린애로 보이세요? 제가 몇 년 차인데 그런 지적을 하시는 거예요!"

뜻밖의 반응에 당황한 그는 곧바로 사과를 했다고 한다.

"어, 그렇구나. 내가 미안하다."

후배에게 도움을 준다고 선의로 했던 말이 격한 반발로 돌아온 것에 상처를 받은 그는 다시는 그 후배에게 지적을 하지 않을 거라고 다짐을 하며 말했다.

"그래 봐야 자기만 손해지."

십몇 년 차 아나운서였던 후배는 아마 신입 사원 시절부터 오랜 기간 그 선배한테서 많은 지적을 받았을 것이다. 지적을 받을 때마다 마음속에 긁힌 상처가 덧나고 덧나 결국에는 작은 자극에도 터져 버리는 지경에 이르고 말았을 것이다.

기자 역시 입사 초반 선배들로부터 감당 못 할 수준의 폭풍 같은 지적을 경험한다. 이때 더욱 힘든 건 사람마다 지적의 내용과 방향이 제각각이라는 거다. 같은 일에 대해 이 선배는 이렇게 해야 된다고 하는데, 다른 선배는 정반대로 저렇게 해야 한다고 말한다. 이렇게 하면 저 사람한테 혼나고, 저렇게 하면 이 사람한테 지적을 받으니 이러지도 저러지도 못하는 딜레마에 빠지고 만다.

이런 일은 각자 일하는 방식이 다르고, 경험이 다르기 때문에 벌어진다. 이 선배 입장에서는 자신이 이렇게 해서 잘됐으니 후배에게 이렇게 하라는 것이고, 저 선배 입장에서는 자기가 저렇게 해서 잘됐으니 저렇게 하라고 알려 주는 거다. 어느 쪽이나 다 선의로 하는 얘기일 뿐, 누가 옳고 그르다고 말할 수 없는 문제이다. 그래서 이런 딜레마에 놓여 있는 후배를 만나면 이렇게 말한다.

"그냥 네가 끌리는 대로 해. 어차피 혼날 거야."

양쪽 의견을 잘 듣고 스스로 판단해서 자신과 가장 잘 맞는 쪽을 고르라는 것이다. 타인의 지적을 받았을 때, 지적을 무조건 거부하는 것만큼 위험한 게 맹목적으로 따르는 것이다. 누구에게 지적을 받든 어디까지나 내가 판단의 주체가 돼야 한다. 지적은 남이 하는 거지만, 그로 인한 결과의 책임은 온전히 내가 지어야 하기 때문이다. 내가 중심을 잘 잡지 못하면 바람에 흔들리는 갈대처럼 주변 사람들의 지적에 따라 이리 휘둘리고, 저리 휘둘리며 갈피를 잡지 못하게 된다. 주변 사람의 지적을 하나의 의견일 뿐이라고 생각하면 앞서 말한 아나운서처럼 발끈할 일이 없다. 상대가 뭐라고 얘기했건 그건 그 사람의 생각일 뿐이고, 어차피 결정은 내가 하는 것이기 때문이다.

상대의 지적에 민감하게 반응했을 때의 후과는 크다. 선의로 지적을 해 줬다가 상대의 거친 반응을 접한 사람은 더 이상 지적을 하지 않는다. 그 모습을 지켜본 사람들도 역시 그에게 지적하는 것을 주저하게 된다. 시간이 흐를수록 주변에서 지적을 받게 되는 일이 급격히 줄어든다. 더 이상 타인의 지적으로 인한 스트레스를 받을 일이 없으니, 잘된 것처럼 생각될 수도 있다.

문제는 더 이상 지적을 받지 않는다고 해서, 지적받을 만한 일이 사라지는 건 아니라는 점이다. 지적받아야 할 부분은 변함없이 그대로 있는데 얘기해 주는 사람이 없으니, 단점을 찾아 고치고 개선할 기회가 사라진다. 그만큼 성장과 발전의 여지도 없어진다. 남들은 여러 사람의 경험과 지혜를 나눠 받아 앞으로 나아갈 때 나만 혼자 쌓아 올린 성에 갇혀 도태돼 버릴 수 있다.

요즘은 나이가 들고 연차가 쌓이니 회사에서 지적받는 경우가 거의 없다. 지적받을 일이 없는 게 아니라, 지적을 안 해 주는 거다. 그래서 어쩌다 누군가에게 지적을 받기라도 하면 고마운 마음이 앞선다. 나를 위해 마음의 불편을 감수하고 솔직하게 말해 준다는 게 감사한 일이 아닌가. 물론 지적 중에는 틀린 얘기도 있고, 동의할 수 없는 부분도 있다. 하지만 나와 생각이 다르다고 해서 반박하지 않는다. 동의할 수 없는 건 내가 안 받아들이면 그만이다. 열 번 틀리더라도 어쩌면 나에게 큰 도움이 될지도 모를 한 번의 금쪽같은 지혜로운 말을 듣기 위해 오늘도 조용히 누군가의 지적을 기다린다.

● 모르는 사람이

모르는 사람이 아니다

업무로 한창 바쁜 평일 오후 2시, 모르는 번호로 전화가 왔다. 휴대폰을 드니 수화기 너머로 여성의 경쾌한 목소리가 들려왔다.

"안녕하세요, 고객님. ○○카드입니다."

종종 걸려 오는 카드사의 마케팅 전화였다. 마케팅 직원은 내가 말을 끊는 걸 결코 허용하지 않겠다는 듯 한 치의 틈도 내보이지 않으며 빠른 말로 신규 카드 가입 권유를 이어 갔다. 일 때문에 바쁘기도 하고, 귀찮기도 한 마음에 그냥 전화를 끊고 싶기도 했지만, 그건 상대를 무시하는 것 같아 수화기를 귀에서 살짝 뗀 채 조용히 들으며 하던 일을 계속하고 있었다. 정해진 말을 한바탕 쏟아 놓은 직원은 아무 반응이 없자 듣고 있는지 확인하려는 듯 나를 불렀다.

"고객님?"

이때다 싶어 공손히 말했다.

"제가 더 이상 신용카드가 필요하지 않아서요. 감사합니다."

그렇게 전화를 끊으려 하자, 마케팅 직원이 갑자기 다급한 목소리로 나를 불렀다.

"어! 저기 잠깐만요!"

"네?"

"MBC복지카드? MBC 직원이세요?"

뒤늦게 본 내 카드 이름을 통해 소속 회사를 확인한 거였다.

"네, 맞아요."

내 대답을 들은 직원의 목소리가 갑자기 확 바뀌었다. 조금 전까지 인공지능처럼 높고 일정한 톤으로 쏟아 내던 목소리는 온데간데없이 사라지고, 조심스럽게 주저하는 보통 사람의 목소리가 흘러나왔다.

"바쁘시죠? 제가 꼭 말씀드리고 싶은 게 있어서요."

직원은 마케팅 전화에서는 좀처럼 들을 수 없는 진심 어린 목소리로 말을 이어 갔다.

"MBC 뉴스 잘 보고 있어요. 고생 많으시죠? 어딘가에서 저처럼 MBC를 응원하고 있는 국민이 있다는 걸 아셨으면 좋겠어요. 그 말씀을 꼭 드리고 싶었어요."

생각지도 못한 얘기에 뒤통수를 한 대 맞은 듯 머리가 띵했다. 높은 톤으로 카드 가입을 권유하던 그는 공영 방송이 정치적 외풍으로 흔들리는 걸 안타깝게 생각하는 한 명의 시청자이자 국민이었던 것이다. 평소 공공기관이나 기업체에 볼일이 있어 전화를 걸 때면 "지금 전화를 받는 상담원은 누군가의 소중한 가족"이라고 되뇌던 통화 연결음을 듣곤 했는데, 그 메시지가 빈말이 아님을 느끼게 되는 순간이었다.

차마 내가 바로 그 뉴스를 만드는 보도국의 기자라는 말을 꺼내기가 면구스러워 그저 격려의 말씀 감사하다고, 저도 응원의 말씀을 드리고 싶다고 말한 후 전화를 끊었는데 입에서 나도 모르게 혼잣말이 터져 나왔다.

"아, 다행이다."

만약 내가 그 마케팅 전화를 받고 귀찮다며 함부로 끊어 버렸으면 어땠을까. 열정적으로 얘기하는 그에게 짜증이라도 냈다면, 무례하게 싫은 소리라도 했다면, 내가 고객이라며 갑질이라도 했다면 어땠을까. 평소 어딘가에서 진심을 다해 MBC를 응원하고 있다던 그는 큰 실망을 하지 않았을까. 한 명의 직원에 불과한 나로 인해 MBC를 아끼는 한 시청자의 진심이 한순간에 부서져 버렸을지도 모를 일이다.

방송 기자 역시 마케팅 직원처럼 불특정 다수를 상대로 끝없이 요청을 해야 할 때가 많다. 어떤 사안에 대한 일반 국민의 의견을 듣기 위해 거리에서 시민 인터뷰를 해야 할 때이다. 누가 인터뷰에 응해 줄지 모르니, 거리에 서서 지나가는 사람들에게 다가가 무작정 인터뷰를 요청해야 한다. 그럴 때면 호의적으로 인터뷰에 응하는 사람도 있지만, 거절하거나 매몰차게 대하는 사람이 훨씬 더 많다. 말을 꺼내자마자 듣지도 않고 쌩

하며 지나가 버리는 사람, 아무 말 없이 내 손에 든 마이크를 탁 치고 가는 사람, 옆에 서 있는 영상 기자의 카메라를 다짜고짜 밀어 버리는 사람까지 그 모습도 다양하다. 그럴 때마다 거리에서 전단지를 나눠 주는 분들은 얼마나 많은 무시와 냉대를 겪을까 하는 생각이 들어, 평소 길거리에서 전단지를 받으면 거절을 못 한다. 어쩌면 내 친구가, 내 지인이, 내 가족이 어딘가에서 그 전단지를 누군가의 손에 쥐어 주기 위해 애를 태우고 있을지도 모르지 않는가.

심리학에 '6단계 분리 법칙(Six degrees of separation)'이라는 게 있다. 한 번쯤 들어 본 적 있는 내용일 텐데, 여섯 사람을 거치면 이 세상 모든 사람과 연결될 수 있다는 이론이다. 실제로 미국의 심리학자 스탠리 밀그램(Stanley Milgram)이 미국에서 무작위로 고른 사람에게 편지를 보낸 뒤, 목표로 하는 사람에게 전해질 때까지 타인에게 편지를 계속 건너 건너 전달하도록 했더니, 모든 편지가 평균 6단계를 거쳐 정해진 사람에게 도착했다고 한다. 모르는 사람이라고 마냥 모르는 사람이 아니다. 내가 오늘 마주치는 사람이 몇 단계만 거치면 나와 연결되는 사람이라고 생각한다면, 모르는 사람의 말이라고 쉽게 생각하고 함부로 대할 수는 없는 일이다.

● 나의 감정을 상대도

느끼게 해야 한다

직장 동료가 고민을 토로했다. 같은 부서의 선배가 틈만 나면 자신한테 온갖 불평불만을 털어놓는데 계속 듣고 있기가 너무 괴롭다는 거였다. 어떤 점이 힘든지 물어보니 업무로 바쁜 시간에 시도 때도 없이 개인적인 얘기로 말을 걸어 일에 방해가 되기도 하고, 회사 일이나 사람들에 대해 줄곧 불평불만만 얘기하는 그의 말에 공감하기도 어렵다고 했다. 그 선배에게 그런 불편함을 표현한 적이 있는지, 없다면 앞으로 표현할 생각은 있는지 묻자 동료는 단호히 고개를 저었다.

"매일 보는 선배인데 어떻게 그래."

사무실에서 며칠 동안 그 동료를 관찰해 보니 문제점이 보였다. 그는 해당 선배의 불편한 대화에 너무나 적극적으로 호응해 주고 있었다. 일을 하다가도 그 선배가 말을 걸면 언제든 하던 일을 멈춘 채 얘기를 귀담아들었고, 그 선배의 말 한마디, 한마디마다 밝은 표정으로 대꾸하며 맞장구를 쳤다. 누구에게나 예의를 갖춰 대해야 한다는 생각을 갖고 있는 그는 자신보다 윗사람인 그 선배에게 불편하고 부담스러운 마음을 꼭꼭 숨긴 채 정성을 다하고 있는 중이었다.

그 선배 입장에서는 후배가 자신의 얘기를 좋아한다고 생각할 만했다. 상대도 자신의 얘기를 매우 즐기고 있으며, 그 내용에 적극적으로 공감하고 있다고 생각하기에 충분했다. 그의 듣는 태도와 표정에서 자신에게 불편함을 느끼고 있으리라고 상상하기는 어려웠다. 예의를 갖춰서 상대를 존중하려는 그의 태도가 오히려 상대에게 잘못된 시그널을 주고 있는 거였다. 그에게 물었다.

"이렇게 힘들어하는 걸 그 선배가 알까?"

"전혀 모르겠지."

그에게 선배의 얘기를 듣는 태도를 바꿔 볼 것을 권했다. 가장 좋은 건 자신의 의사를 분명히 표현하는 거지만, 매일 얼굴을 보는 윗사람에게 그렇게 하는 건 현실적으로 어렵다. 말 한마디로 상대와의 관계가 망가질 수 있고, 그렇게 깨진 관계가 더 큰 스트레스를 가져올 수도 있기 때문이다. 대신 의도와 달리 과도하게 밀착된 관계는 다소 느슨하게 풀어 줄 필요가 있었다. 완전히 단절하지는 않되, 적당히 거리를 둔 긍정적인 관계를 만들어야 했다.

우선 업무로 바쁜 상황에서 상대가 개인적인 잡담으로 말을 걸 때는 일을 미뤄 두지 말고 오히려 일에 더 집중하는 모습을 보여 주라고 했다. 그래야 상대도 그가 업무로 바쁜 걸 인지하고, 자신의 대화가 그에게 방해가 될 수 있음을 깨달을 수 있다. 바로 옆에서 메신저로 말을 걸면 어떻게 확인을 안 할 수 있냐는 질문에는 오히려 메시지를 확인할 수 없을 정도로 바쁜 모습을 보여 주는 게 더 좋다고 말해 주었다.

또 상대의 얘기에 예의를 갖춰 듣되, 관심 없는 얘기가 일방적으로 이어질 때는 적극적으로 호응하지 말 것을 주문했다. 재미없는 말에 억지로 웃지 말고, 궁금하지 않은 내용을 쓸데없이 묻지 말고, 공감 가지 않는 내용에 맞장구를 치지 말라고 했다. 그래야 상대도 자신만의 얘기에는 타인이 관심이 없다는 걸 인지하고 그런 얘기를 줄여 나갈 수 있다. 그렇게 자신의 얘기에 대한 타인의 진짜 감정을 느껴야 오판을 하지 않고, 의도치 않게 남을 괴롭히지 않을 수 있다. 그런 과정을 통해 상대가 깨닫는 바가 있으면, 부적절한 대화는 자연스럽게 줄어들게 된다.

사람 사이의 감정은 서로 오고 가야 한다. 어느 한쪽이 일방적으로 희생하고 헌신하는 관계는 오래갈 수 없다. 타인의 얘기를 들을 때에는 상대의 감정을 이해하는 것 못지않게 상대에게 내 감정을 느끼게 하는 것도 중요하다. 타인의 감정을 존중하는 것이 혹시 나 스스로를 학대하고 있는 것은 아닌지 생각해 볼 필요가 있다. 누구보다 소중한 나를 지켜 주기 위해 내 감정에 솔직해지자.

3장

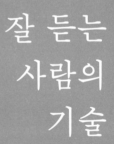

잘 듣는
사람의
기술

당신의 청해력은

안녕한가요

해당하는 내용에 ☑ 체크해 보자.

· 사람들과 대화 후 나만 다르게 이해할 때가 있다. ☐

· 회의 시간에 회의 내용과 관계없는 낙서를 자주 한다. ☐

· 오디오북을 듣다 보면 얼마 못 가 잠이 들거나 딴생각을 한다. ☐

· TV 뉴스나 예능 프로그램을 자막 없이는 정확하게 이해하기 어렵다. ☐

· 영화를 본 뒤 줄거리를 간략하게 요약해서 설명하기 어렵다. ☐

· 말하는 사람의 의도를 오해할 때가 종종 있다. ☐

· '농담과 진담을 구분 못 한다'는 얘기를 들은 적이 있다. ☐

· 상대방의 얘기를 잘 이해하지 못할 때가 있다. ☐

· 주위에서 '너는 듣고 싶은 것만 듣는다'는 얘기를 한다. ☐

· 강연이나 강의를 듣고 난 뒤 내용이 잘 기억나지 않는다. ☐

이 중 몇 개에 해당하는가? '이거 내 얘기인데?' 싶은 게 많다면 한 번쯤 청해력에 문제가 없는지 생각해 볼 필요가 있다. 청해력이란 듣고 이해하는 능력을 말한다. 이는 사람이 하는 말을 문자 그대로 듣고 해석하는 것만을 의미하지 않는다. 겉으로 드러난 말 속에 숨겨진 의도와 진짜 의미를 제대로 이해하는 능력이 청해력이다.

사람들은 주변인들과 대화할 때 자신의 마음을 꼭 직접적으로 표현하지는 않는다. 자신의 바람이나 소망, 본능에 가까운 속내일수록 그것을 솔직하게 노골적으로 표현하기보다는 반어법이나 비유법 등을 통해 은근히 드러내는 것을 선호한다. 굳이 직접 말하지 않아도 상대방이 그 의도를 알아채고 행동으로 보여 주길 바란다. 이때 그 마음을 읽지 못하고 겉으로 드러난 말에만 얽매여 말뜻을 잘못 이해하면 '답답한 사람' 혹은 '말 안 통하는 사람'이라는 말을 듣게 된다.

일을 할 때도 마찬가지다. 직장 상사나 동료들은 대부분 한마디 말을 하면 상대방이 열 마디를 이해하고 알아서 필요한 일을 해 주기를 바란다. 한정된 시간에 각자 자기 일 처리하기 바쁜 상황에서 업무와 관련된 모든 배경을 일일이 설명하기는 어렵기 때문이다. 이때 그 '한 마디'의 뜻을 정확히 이해하지 못하면 업무 성과를 제대로 보여 주기 어렵고, '말귀 못 알아듣는 사람'이 되기 쉽다.

청해력이 떨어지면 학습 능력도 떨어질 가능성이 크다. 인간의 모든 지적 활동은 말을 기본으로 이루어진다. 말을 듣고 이해하는 능력이 떨어지면 배우고 성장하는 기회도 줄어들게 된다. 이는 청소년기뿐만 아니라 성인이 된 이후에도 지속적으로 영향을 끼쳐 시간이 지날수록 경쟁력에서 큰 차이를 보이게 된다. 하다못해 영화나 드라마를 봐도 맥락을 이해하고 해석하는 힘이 떨어지니 문화적 소양을 기르는 것도 어렵다.

더 안타까운 건 인간관계에도 좋지 않은 영향을 끼친다는 점이다. 부부 관계가 심각한 지경에 이르러 TV 상담 프로그램에 나오게 된 사람들을 보면 빼놓지 않고 등장하는 게 상대방의 말뜻을 제대로 이해하지 못하고 계속해서 엇박자를 내는 배우자이다. 청해력이 떨어져 상대방의 의도를 오해하고, 대화가 제대로 되지 않으니 갈등이 커져 결국에는 관계를 돌이키기 어려운 지경에 이르고 만다. 교우 관계가 좋지 않은 학생, 동료와의 관계가 원만하지 못한 직장인들도 청해력이 떨어지면 본인의 마음은 그렇지 않은데 상대방의 말뜻을 제대로 이해하지 못하고 '눈치 없는 사람', '센스 없는 사람'이라는 낙인이 찍혀 사회생활에 어려움을 겪게 되니 참으로 안타까운 일이다.

문제는 최근의 미디어 환경이 청해력 문제를 더 악화시키고, 청해력이 떨어지는 사람을 양산하고 있다는 점이다. 대표적인 것이 유튜브 쇼츠와 같은 숏폼 영상 콘텐츠의 범람이다. 아무런 맥락 없이 단 몇 초 안에 자극적인 장면 하나로 끝나는 숏폼 영상을 반복적으로 시청하다 보면 순간적이고 즉각적인 자극에 익숙해져 긴 이야기를 끝까지 듣는 것 자체가 견디기 힘들어진다. 복잡한 맥락 속에서 숨겨진 의미를 찾고 이해하는 것도 어려워진다. 청해력이 떨어지게 되는 것이다.

TV와 유튜브를 가리지 않고 넘쳐 나는 자막의 홍수 역시 청해력 문제를 부추긴다. 말을 귀로 듣지 않고 눈으로 보는 자막에 의존해서 이해하는 것에 익숙해지면, 자막 없이 오롯이 말로 듣고 이해하는 게 어려워질 수 있다. 말은 글과 달리 한번 이해하지 못한 부분을 되돌려서 확인하기가 어렵다.

청해력이 떨어지는 건 단지 언어 능력의 부족에 그치지 않는다. 학습 능력과 업무 능력 그리고 인간관계에까지 나쁜 영향을 끼쳐 사회생활에 큰 지장을 초래할 수 있다. 다행인 건 '듣기'는 '말하기', '읽기', '쓰기'와 마찬가지로 노력하면 얼마든지 능력을 향상시킬 수 있다는 점이다. '답답한 사람', '말귀 못 알아듣는 사람', '눈치 없는 사람'이 되지 않으려면 내 청해력에 대한 관심과 노력이 필요하다.

● 고민을

　　　함께하는 사람

드라마 〈정신병동에도 아침이 와요〉에는 지친 삶 속에서 각종 정신질환을 앓고 살아가는 여러 평범한 사람들이 등장한다. 그중에는 회사 일과 집안일에 치여 자신을 잃어버리면서 치매와 비슷한 가성치매(假性痴呆) 증상을 보이게 되는 '일하는 엄마'도 있다. 가족을 위해 정신없이 바쁘게 사느라 자신을 돌볼 여유가 없었던 그는 정신병동에 입원한 뒤 자신처럼 직장과 가정일에 치여 사는 간호사의 모습을 보면서 힘들었던 자신의 모습을 떠올리고, 마치 자신에게 말하듯 간호사에게 위로의 말을 건넨다.

"너무 애쓰지 마. 너 힘들 거야…. 네가 안 행복한데 누가 행복하겠어."

아픈 환자들을 돌보면서도 정작 자신의 아픔은 챙기지 못했던 간호사는 환자가 전해 준 뜻밖의 위로에 눈물을 흘리고, 그에게 고민을 털어놓는다. 간호사는 돌봐 주는 사람, 환자는 돌봄을 받는 사람이라는 이분법에서 벗어나 서로가 각자의 위치에서 상대를 위로해 주고, 위로를 받는 모습은 매우 인상적이었다.

우리는 일상적인 대화에서도 알게 모르게 서로의 역할을 고정해 놓는다. 상대적으로 나이가 많은 사람, 조직에서 직급이 높은 사람은 '고민을 들어 주는 사람'이고, 반대로 나이가 적거나 직급이 낮은 사람은 '고민을 말하는 사람'이라는 식이다. 거기에는 연장자나 사회적 경험이 많은 사람일수록 고민을 더 잘 해결할 수 있는 지혜와 능력을 갖고 있을 거라는 믿음이 깔려 있는 듯하다. 그래서 직장에서는 팀장이 팀원의 고민을 듣고 싶어 하고, 집에서는 부모가 자식의 고민을 알고 싶어 한다. 팀장과 부모는 틈날 때마다 얘기한다.

"고민 있으면 언제든 편하게 얘기해."

하지만 안타깝게도 그렇게 해서 실제로 상대의 고민을 듣게 되는 경우는 드물다. 직원의 고민에 대해 소속 팀장보다 다른 팀의 부서장이 더 잘 아는 경우가 적지 않고, 자식에 대해 가장 모르는 사람이 부모인 경우도 많다. 고민의 당사자가 가까운 이에게 고통을 나누고 싶지 않아 속마음을 털어놓기보다는 오히려 드러내지 않고 감추려 하기 때문이다. 힘들고 괴로운 일이 있어도 애써 웃으며 말한다.

"저는 괜찮아요. 아무 일 없는걸요."

함께 일한 팀장 중에 팀원 한 명 한 명의 고민을 잘 아는 사람이 있었다. 팀원 입장에서 직속상관에게 고민을 털어놓는 것이 자신의 단점이나 부족한 점을 노출시키게 될까 염려돼 부담스러울 수도 있지만, 유독 이 팀장에게는 팀원들이 일하다 갖게 되는 고민이나, 사적인 고민까지도 스스럼없이 얘기했다.

이 팀장은 팀원들과 대화할 때 다른 상사들과 다른 점이 있었다. 그는 팀원들에게 고민을 얘기하라고 하지 않았다. 대신 먼저 자신의 고민을 털어놓고 팀원에게 조언을 구했다. 팀장이라고 왜 고민이 없을까. 조직에서 사람들을 이끌다 보면 이런저런 고민이 생길 수밖에 없는데 말이다. 그때 그는 솔직하게 팀원들에게 얘기하고 의견을 구했다.

그가 그렇게 고민을 얘기한다고 해서 팀원들이 그를 부족한 사람으로 보진 않았다. 오히려 억지로 센 척하지 않는 그를 팀원들은 진솔한 사람이라고 생각했다. 팀장이 자신의 고민을 솔직하게 털어놓은 것만으로도 팀원은 존중받는 느낌을 받았고, 팀장과의 관계가 부쩍 가까워진 것 같은 생각이 들기도 했다. 팀장의 고민을 풀어 주기 위해 함께 생각하고, 답을 찾으면서 팀원들도 자연스럽게 자신의 고민을 털어놓았고, 점차 팀원들은 굳이 팀장이 먼저 묻지 않아도 고민이 있을 때면 편하게 팀장을 찾았다. 그 팀장은 누구보다 자신이 이끄는 팀원들의 속내에 대해 잘 알 수 있었고, 자연스럽게 팀워크도 좋아졌다. 이게 가능했던 건 그 팀장이 팀원을 자신보다 부족하거나 미흡한 사람으로 보지 않고, 동료로 대했기 때문이다.

지혜는 꼭 나이 많은 사람, 경험이 많은 사람만 있는 게 아니다. 때로는 어린아이의 순수한 말 한마디가 머릿속이 복잡한 어른들에게 큰 깨우침을 주기도 한다. 선배가 먼저 후배에게 자신의 빈 곳을 내보이고 지혜를 구하면, 후배도 선배에게 다가가는 게 훨씬 편해진다. 선배가 완벽하기만 하면 후배는 자신의 부족함을 내보이고 싶지 않기 때문이다. 고민을 말하는 사람, 그 사람이 고민을 가장 잘 듣는 사람이다.

● 무례한 후배를

만났을 때

직장에 다니는 또래 친구들을 만나 술 한잔 기울이면 빼놓지 않고 나오는 얘기가 '버릇없는 후배'에 대한 경험담이다. 예전에는 만났다 하면 서로 '이상한 팀장'에 대한 성토가 줄을 이었는데, 이제 나이가 들어 각자 회사에서 관리자급이 되다 보니 '이상한 사람'의 대상이 '팀원'으로 바뀌었다.

"그래도 내가 선배인데, 어떻게 그런 말을 할 수가 있지?"

"내가 얼마나 잘해 줬는데, 나한테 그럴 수 있어?"

서로 누구 후배가 더 버릇없는지 싸가지 경쟁이 붙으면 술잔은 끝없이 오고 간다. 팀장의 지시가 혹은 맡게 된 업무가 마음에 들지 않는다고 후배가 대놓고 무례한 말로 불쾌감을 표현했다는 정도는 경험담 축에 끼지도 못한다. 업무에 문제가 있어 팀장이 조목조목 지적을 하자 테이블 밑에 손을 넣어 몰래 스마트폰으로 녹음을 시작하더라는 말까지 들으면 아찔한 기분도 든다. 그러다 보면 으레 나오는 말이 있다.

"MZ세대잖아."

하지만 얘기를 들어 보면 그게 꼭 MZ세대만의 얘기도 아니다. 직장 생활 10년 이상 한, 소위 알 만한 사람이 여러 사람 앞에서 선배에게 무안을 줬다는 얘기도 있고, MZ세대가 자기보다 더 어린 후배에게 편하게 얘기했다가 '젊은 꼰대' 소리를 들었다는 얘기도 있다.

직종과 나이는 다르지만, 이런 얘기를 하는 사람들에게는 공통점이 있다. 상사나 동기 혹은 동년배의 사람에게 무례한 말을 들었을 때보다 후배한테 그런 대우를 받았을 때 더 깊은 내상을 입는다는 것이다. 상하 관계에서 위계질서가 뚜렷하고, 군대 문화의 그늘이 짙은 우리 사회에서 아랫사람으로부터 무례한 대우를 받게 되면, 당사자는 일종의 하극상(下剋上)을 겪은 기분이 되어 그 상처의 깊이가 더 깊고 오래간다. 자신이 아랫사람으로부터 무시당했다는 생각에 심한 경우 자신의 존재 자체를 부정당했다는 생각까지 하게 된다. 그래서 상처를 쉽게 회복하지 못하고, 상처를 준 상대를 쉽게 용서하지 못한다. 말한 사람 입장에서는 '할 말을 한 것일 뿐'이라 해도, 당한 사람 입장에서는 그렇다.

예전에는 이런 경험을 들으면 결말은 윗사람의 응징으로 끝나는 경우가 많았다. 윗사람의 힘과 권위로 본때를 보여 줬다는 식의 무용담이 넘쳐 났다. 그런데 요즘은 윗사람의 포기로 끝나는 경우가 더 많은 것 같다. 후배의 무례한 말로 상처를 입었어도, 꼰대 소리 들을까 봐 혹은 직장 갑질로 문제가 될까 봐 그냥 참고 넘어가거나, 후배가 하고 싶은 대로 하게 내버려 둔다는 것이다. 그렇다 해도 마음속 꽁한 감정은 어쩔 수 없다 보니, 서로의 관계는 회복되지 못한 채 어색하거나 불편한 사이로 남게 된다.

　나 역시 처음 무례한 후배를 만났을 때 어떻게 해야 할지 몰라 당황했다. 내가 느낀 불쾌감과 모욕감을 여과 없이 드러내 상대와 멀어지기도 했고, 아무런 표현도 못 한 채 끙끙 앓다가 혼자 마음속에서 떠나보낸 사람도 있다. 그렇다고 그 후배에 대해 다른 사람에게 뒷담화를 해 봤자 나만 후배 하나 제대로 못 다루는 무능한 선배가 될 것 같아 누구한테 말도 못하고 냉가슴을 앓았다. 일은 일대로 잘 풀리지 않았고, 관계는 관계대로 꼬였다.

　그런데 윗사람에게 무례한 사람들의 특징이 정작 후배가 자기한테 무례하게 구는 건 못 참는다는 것이다. 본인은 선배에게 무례한 말을 서슴지 않고 하면서도 후배가 자기한테 그런 말을 하면 씩씩거리며 분을 참지 못한다. 스스로에 대해 객관화가 되지 않는 것이다.

　요즘 그런 후배를 만나면 나는 최대한 감정을 누르고 본인이 내게 어떤 말을 했는지를 상기시킨다.

　"나한테 이렇게 말했던 거에 대해 어떻게 생각해?"

　그렇게 조용히 대답을 기다리면 대부분 자신의 무례함을 깨닫는다. 바로 사과를 하는 사람도 있고, 변명을 하는 사람도 있지만, 자신의 말이 무례했다는 사실만큼은 분명하게 인지하는 경우가 많다. 자신을 객관적으로 바라보게 되는 것이다. 굳이 내가 화를 내거나 잘못을 지적하지 않아도 스스로 잘못을 깨우치게 되니, 상대의 무례한 말이 재발할 가능성이 낮고, 내 입장에서도 상처나 분노의 깊이가 얕아 마음에 앙금이 크게 남지 않는다. 그런 과정을 통해 서로 더 가까워지는 경우도 있다.

후배에게 무례한 말을 듣고 불쾌하지 않을 사람은 없다. 하지만 선배라면 그 불쾌한 감정은 잠시 누르고, 아량을 갖고 대할 필요가 있다. 상대는 선배를 무시하거나 존중하지 않는 게 아니라, 그저 표현이 서툴러서 혹은 미처 인지하지 못한 채 말이 거칠게 나온 것일 수 있다. 중요한 건 그 사람에 대한 애정을 쉽게 내려놓지 않는 것이다. 무례한 말을 했던 후배도 선배의 진심을 알면 좋은 태도가 마음에서 우러나올 수 있다. 후배보다는 좀 더 참고 기다려 주는 것이 진짜 어른의 책임이고 덕목이다. 그래서 어른이다.

● 리액션이 전부다

예능 프로그램의 전설로 불리는 〈무한도전〉은 각기 다른 개성을 가진 고정 출연자들이 오랜 세월 환상적인 호흡으로 합을 맞추며 큰 인기를 끌었다. 독특한 개성과 매력으로 시청자들에게 큰 웃음을 준 다양한 게스트들의 활약도 인상적이었는데, 특이한 점은 그들 중 상당수가 다른 프로그램에서는 별다른 주목을 받지 못하다가 무한도전에 나와 비로소 숨어 있던 잠재력을 터뜨리며 화제를 모았다는 것이다. 많은 프로그램에서 잠깐 스치듯 비춰지거나 비중이 크지 않은 작은 역할에 머물렀던 이들이 여기에만 나오면 감춰져 있던 매력과 재능이 폭발해 많은 시청자들의 관심과 사랑을 받은 뒤 스타 반열에 올라 다른 프로그램에서 주역으로 활동하게 되곤 했다.

이들이 그렇게 숨겨져 있던 재능을 꽃피운 데에는 프로그램의 리더 격인 유재석 씨의 역할이 컸다. 그는 새로 나온 출연자가 말을 하면 유심히 지켜보다가 조금이라도 재미 요소가 있는 부분을 찾아내 큰 리액션으로 화답했다. 크게 웃고 박수를 치며 그 부분을 콕 집어 부각시켜 주거나, 자리에서 일어나 하이 파이브를 하고 포옹을 해 주는 등 소리와 몸짓을 총동원해 적극적으로 호응했다. 그러면 평소에는 별것 아닌 듯 넘어가던 얘기도 사람들의 관심을 확 끌었고, 주변 사람들도 크게 반응했다. 당사자는 평소 겪어 보지 못했던 호의적인 반응에 신이

나 마음껏 재능을 펼쳤고, 결국 예능인으로서 재평가를 받는 계기가 되곤 했다.

그렇게 좋은 기회를 잡은 이들은 여러 프로그램을 통해 공개적으로 그에 대한 고마움을 표현했고, 그의 주변으로는 더 많은 사람이 모여들었다. 말주변이 없거나 카메라 앞을 겁내는 이른바 '카메라 울렁증'이 있어 방송을 주저했던 이들도 그가 진행하는 프로그램이라면 믿고 나가는 분위기가 만들어졌다. 이제 〈무한도전〉은 더 이상 방송되지 않지만, 지금도 그가 진행하는 프로그램에서는 다른 데서는 볼 수 없는 특별한 출연자들을 많이 볼 수 있으니, 그의 적극적인 리액션은 그가 오랜 세월 톱 MC의 자리를 굳건히 지킬 수 있게 해 주는 강력한 무기 중 하나임이 분명하다.

이는 세계적으로 유명한 외국의 토크쇼 진행자들에게서도 공통적으로 보이는 특징인데, 이들은 대부분 출연자에 대해 크고 적극적인 리액션을 즐겨 쓴다. 상대가 말을 하는 동안 쉬지 않고 표정과 소리로 반응하며, 다양한 동작들로 분위기를 띄운다. 리액션의 힘을 본능적으로 아는 것이다.

일상의 대화에서도 리액션의 힘은 대단하다. 함께 얘기하고 싶은 사람, 다시 만나고 싶은 사람은 대부분 '리액션이 좋은 사람'이다. 별로 재미있지 않은 내 얘기에 크게 웃어 주고, 사소한 말에 귀 기울여 주는 사람은 다시 보고 싶어진다. 비단 연애할 때만의 얘기가 아니다. 직장 상사는 자기 말에 적극적으로 호응해 주는 사원에게 마음이 간다. 무슨 얘기를 해도 뚱한 반응을 보이는 사원에게 호감을 가질 상사는 없다. 팀원들 역시 리액션이 좋은 팀장과 일을 할 때 더 적극적으로 의견을 내고, 업무에 참여한다. 비즈니스 상대 역시 한 번 더 만나고 싶어 하는 사람은 리액션이 좋은 사람이다. 그런 사람을 만나면 기분이 좋아지니 함께 업무하며 관계를 이어 가고 싶어진다.

리액션은 상대의 자존감을 높이는 긍정적인 역할을 하기도 한다. 타인이 내 말에 귀 기울여 주고, 적극 호응해 주면 나 스스로 가치 있는 사람이라는 생각을 갖게 된다. 내가 재미있는 사람인 것 같고, 의미 있는 말을 하는 사람 같고, 사람의 마음을 움직일 줄 아는 사람 같은 느낌이 든다. 주변에 리액션 좋은 사람이 많을수록 자존감은 높아진다. 그래서 아끼고 사랑하는 사람일수록 더 적극적인 리액션으로 마음을 표현해 줘야 한다.

리액션보다 더 좋은 소통은 없다. 기쁜 일이 있는 이에게 함께 기뻐해 주는 리액션은 기쁨을 배가되게 하고, 힘들거나 슬픈 일이 있는 이에게 아픔을 공감해 주는 리액션은 상대에게 혼자가 아니라는 위로를 준다. 눈을 맞추고, 맞장구를 치고, 추임새를 넣고, 고개를 끄덕이고, 함께 울고 웃는 리액션은 나의 진심을 전해 주는 최고의 선물이다. 사람을 향한 관심과 애정, 이해가 담긴 리액션을 아낄 이유가 없다.

● 내가 먼저

        알몸이 되어야 한다

'함께 목욕탕에 가야 친해진다'는 말이 있다. 목욕탕에 가서 옷을 벗어젖히고 알몸으로 서로 얘기를 나누며 때도 밀어 주다 보면 친밀감이 높아진다는 얘기다. 실제로 영업직에서는 한동안 '사우나 접대'가 영업의 꽃으로 여겨지기도 했고, '골프 접대'의 하이라이트는 골프를 친 뒤 마지막에 함께하는 사우나라는 얘기도 있었다. 서로 허물없는 상태로 함께 시간을 보내다 보면 마음의 벽이 낮아져 껄끄러운 업무나 계약 문제도 수월하게 해결된다는 것이다.

여기서 핵심은 서로 '알몸'이 된다는 데 있다. 알몸이 되는 건 내 본모습을 아무런 치장이나 포장 없이 그대로 드러내는 것이다. 그렇게 밖으로 드러나는 건 나의 치부나 약점이다. 옷을 입고 있으면 뱃살도, 처진 살도 다 가려져 보이지 않는다. 멋진 슈트를 입거나 예쁜 드레스를 걸치고 있으면 그 안에 내 몸의 많은 약점들을 감출 수 있다. 하지만 알몸이 되는 순간 모든 게 적나라하게 드러난다. 평소 남에게 감추고 싶던 부분, 숨기고 싶던 부분을 그대로 다 드러내, 있는 모습 그대로 서로를 마주하게 된다.

누군가에게 깊은 속내를 드러내는 것도 알몸을 드러내는 것과 같다. 우리 마음속에는 누구나 감추고 싶은 부끄러운 속

내가 있다. 논리적으로 설명되지 않는 왠지 모를 우울함, 가까운 이에게 사소한 일로 삐진 쪼잔함과 소심함, 친구나 동료를 향해 자꾸만 솟아나는 질투심과 시기심, 내 것이 아닌 줄 알면서도 자꾸만 갖고 싶은 욕심과 탐욕 등 사람이라면 누구나 갖게 되는 근원적 속내가 있다. 우리는 그 속내를 감추고 살아간다. 사람들이 내 속내를 알아채지 못하도록 우울해도 우울하지 않은 척, 삐졌어도 안 삐진 척, 질투가 나도 괜찮은 척, 욕심이 나도 관심 없는 척 마음의 슈트와 드레스를 입고 표정과 말투와 몸짓으로 애써 가리고 살아간다.

내가 언제나 멋지고 아름다운 옷을 입은 채 완벽한 모습으로만 서 있으면 상대 역시 내 앞에서 빈틈을 보이기 어렵다. 내 앞에서는 상대도 가급적 멋지고 완벽한 모습으로 포장하고 치장하려 노력한다. 나에게 솔직한 감정이 담긴 진짜 속마음, 진심을 드러내지 않는다. 내가 들을 수 있는 건 진실과는 거리가 먼, 듣기 좋게 잘 꾸며진 이야기뿐이다.

오은영 박사의 현실 육아 처방으로 유명한 TV 프로그램 〈금쪽같은 내 새끼〉의 하이라이트는 문제 많은 아이로 등장한 금쪽이가 코끼리 인형 앞에서 속마음을 털어놓을 때다. 도무지 말이 안 통할 것 같던 아이가 진지한 얼굴로 입을 열기 시작하면, 화면을 지켜보던 부모는 물론 진행자들까지 눈물을 왈칵 쏟아 낸다.

놀라운 건 TV 프로그램에 나올 정도로 심한 말썽을 부리던 아이들이 하나같이 자신의 잘못을 잘 알고 있다는 사실이다. 자신을 나쁜 아이라고 생각하고 부끄러움과 수치심, 죄책감을 느끼며, 자신으로 인해 힘든 부모에게 미안해하고 가슴 아파한다. 평소에 부모 앞에서 센 척하며 소리 지르고 난동을 부리던 아이들이 별다를 것 없는 코끼리 인형 앞에서는 한없이 약하고 상처받은 마음을 그대로 내보인다. 자신보다 크고 센 부모 앞에서는 꺼내 놓지 못한 속내를 작은 인형한테는 솔직히 털어놓는 것이다.

직장에서 일을 할 때도 마찬가지다. 너무 완벽한 팀장한테는 팀원이 속내를 내비치기 어렵다. 무슨 일이든 완벽하게 해내는 팀장 앞에서는 자신의 부족한 부분을 솔직하게 내보이기보다는 가리고, 숨기려 하기 쉽다. 못하는 것도 잘하는 척, 문제가 있어도 없는 척 가장한다. 완벽한 팀장에게 어울리는 완벽한 팀원으로 연기를 하는 거다. 팀장은 팀원들의 약점과 단점을 잘 파악하고 있어야 빈 부분을 채워 줄 수 있는데, 팀원들의 겉모습에 가려진 진짜 모습을 파악하기 어렵다. 완벽한 팀장 밑에서 사고가 일어나는 이유다.

상대로부터 꽁꽁 감춰진 속내를 들으려면 내가 먼저 알몸이 되어야 한다. 좀 부끄럽더라도 먼저 옷을 벗어야 한다. 누구나 약점은 있다. 자신의 서툴렀던 과거와 불안한 현재에 대해 먼저 허심탄회하게 털어놓고, 잘 갖춰 입은 옷 속에 숨겨진 부끄럽고 창피한 부분을 가감 없이 드러내야 상대도 단단히 채워놓았던 단추를 풀기 시작한다.

심리학에 '엉덩방아 효과(Pratfall Effect)'라는 용어가 있다. 실수를 전혀 하지 않는 완벽한 사람보다는 길을 가다 실수로 엉덩방아를 찧듯 다소 빈틈을 보이는 사람에게 더 호감을 느낀다는 것이다. 속내를 털어놓고 싶은 사람은 '완벽한 사람'이 아니라 '마음이 끌리는 사람'이다. 소중한 사람의 이야기를 듣고 싶다면 그 앞에서 과감히 마음의 알몸을 내보일 수 있는 용기가 필요하다.

● 넘겨짚기는

안 돼요

방송 기자로 첫발을 내딛게 되면 회사에서 각자 한 명씩 전담해서 실무를 가르쳐 줄 선배 기자를 배정받는다. 근무 내내 밀착해서 기초부터 하나하나 가르쳐 주는 일종의 도제식 교육이다. 보통 수습기자보다 1~2년 먼저 입사한 선배 기자들이 교육을 맡는데, 본격적인 교육이 시작되면 수습기자들을 현장에 내보내 취재 훈련을 시킨다. 사건이나 사고 현장에서 사실 관계를 취재해 수시로 보고를 하게 하는 것이다. 수습기자들은 곳곳의 뉴스 현장을 누비며 시시각각으로 파악한 정보를 선배한테 보고하는데, 이때 절대로 쓰면 안 되는 말이 있다.

"~인 것 같아요."

"~일 거예요."

"~로 알고 있어요."

사실에 추정이나 추측이 섞여 있는 말이다. 이런 말이 나오면 선배는 놓치지 않고 단호하게 따져 묻는다.

"그런 것 같다는 거야, 그렇다는 거야?"

분명하지 않은 사실에 추측을 섞어 말했던 수습기자는 당황한다. 제대로 답변을 하지 못한 채 얼버무리고, 그때부터 서슬 퍼런 선배 기자의 불호령이 떨어진다. 수습기자는 말투 한 번 잘못 썼다가 눈물이 쏙 빠질 정도로 혼이 난다. 이런 표현을 못 쓰게 하는 건 '사실'을 다루는 기자에게 있어서 가장 해서는 안 되는 것이 '사실에 대한 혼동'이기 때문이다.

구체적인 정보들을 바탕으로 일부 비어 있는 부분에 대해 약간의 추측을 보태면 맞는 경우가 많다. 그런 추측은 대개 과거의 경험을 토대로 해서 확률상 높은 쪽으로 결론을 내리기 때문이다. 문제는 10번 중 9번이 맞더라도, 단 한 번의 오류로 인해 진실이 크게 오염될 수 있다는 점이다. 기사 내용 중 다른 건 다 맞았다 해도 하나의 사실이 틀렸으면 그 기사는 오보다. 해당 언론사는 순식간에 왜곡 보도를 한 셈이 된다. 그래서 선배 기자들은 새로 언론인의 삶을 시작하는 후배가 평소 갖고 있던 '넘겨짚는 습관'을 뿌리 뽑기 위해 그런 기미가 보일 때마다 단호하게 대응한다.

이렇게 상대의 말에 대해 '넘겨짚는 것'은 평소 꼬치꼬치 묻지 않거나 확인하지 않는 습관에서 나온다. 누군가 말을 했을 때 모호하거나 구체적이지 않은 내용에 대해 정확한 사실을 알려면 그 부분을 콕 집어 묻고 확인해야 한다. 그래야 예기치 못한 오해나 오류를 방지할 수 있다.

하지만 일상생활에서는 그렇게 일일이 확인하기보다는 적당히 넘어가는 경우가 많다. 일일이 따져 묻는 게 귀찮기도 하거니와 자칫 '피곤한 사람'이나 '예민한 사람'으로 취급될 수도 있기 때문이다. 또 따져 묻는 게 말하는 상대에게 실례가 되거나 무례한 일이 될까 봐, 더 나아가 상대를 믿지 못하는 것으로 여겨질까 봐 궁금한 게 있거나 모호한 게 있어도 그냥 그러려니 하며 넘어가는 경우가 많다.

일상에서 그런 습관이 몸에 배면 자연스럽게 중요한 순간에도 제대로 확인하지 않고 넘어갈 수가 있다. 직장에서 상사가 일을 모호하게 지시해도 의도나 목적을 정확하게 묻지 않고 넘겨짚거나, 공적인 브리핑에서 궁금한 부분이 있어도 제대로 확인하지 않고 지레짐작으로 판단하는 것이다.

종종 강연을 할 기회가 있는데, 강연 마지막에는 꼭 질의응답 시간을 따로 빼놓는다. 강연을 들은 사람이 더 알고 싶거나 궁금한 게 있으면 질문을 할 수 있도록 시간을 마련하는 것이다. 보통 질문하고 싶은 사람은 손을 들도록 하는데, 실제로 손을 드는 사람이 많지 않다. 고개를 두리번거리며 기다려도 손을 들지 않아 그대로 강연을 마무리하는 경우도 적지 않다.

그런데 희한한 건 강연을 끝내고 나면 한 명씩 따로 질문을 하겠다고 강단으로 찾아온다는 것이다. 어떨 때는 질문하려는 사람들이 길게 줄을 지어 서 있을 때도 있다. 질의응답 시간에 궁금한 게 없어서 묻지 않은 게 아니라, 묻고 싶은 게 있어도 다른 사람들 앞에서 공개적으로 질문하는 게 부끄러워 안 했던 거다.

하지만 정말 부끄러운 건 궁금한데도 묻지 않는 것이다. 가장 위험한 건 추측하고 넘겨짚는 것이며, 정말 무례한 건 묻지 않고 확인하지 않아 상대의 말을 오해하고, 의도치 않게 사실을 왜곡하는 것이다. 청해력을 높이려면 묻고 확인하며 듣는 습관을 들여야 한다. 애매한 것, 모호한 것, 추상적인 것들을 분명하고 구체적인 것으로 만들어야 제대로 듣고 제대로 이해할 수 있다.

● 상대의 '이야기'보다

　　　　'감정'에 집중한다

MBC 예능 프로그램 〈놀면 뭐하니?〉에 무명의 예능인들이 초대받은 적이 있다. 소위 잘나가는 예능인들로부터 잠재력이 있지만 기회가 없어 주목받지 못한 주변인들을 추천받아 스튜디오로 불러낸 거였다. 이들은 '예능 샛별'이라고는 하지만 하나같이 10년 이상 무명의 시절을 보내며 여러 무대에서 실력을 갈고닦은 단단한 내공의 소유자들이었다.

하지만 지상파 주말 예능 프로그램의 갑작스러운 호출에 잔뜩 기대감을 품고 달려 나온 이들의 얼굴은 긴장한 모습이 역력했다. 어렵게 찾아온, 어쩌면 생애에 다시는 오지 않을지도 모를 단 한 번의 기회를 꼭 잡아야 한다는 절실함과 간절함은 출연자들을 바짝 얼어붙게 만들었다. 어쩌다 한 명이 웃음을 터뜨리기라도 하면 다른 출연자들은 안절부절못하며 땀을 줄줄 흘리고 연신 물을 들이켰다. 표정은 점점 굳어져 가고, 입술은 바짝바짝 타들어 갔다. 짧은 시간에 뭔가를 보여 줘야 한다는 부담감이 화면 바깥까지 그대로 전해졌다.

거기서 진행자 유재석 씨의 진가가 드러나기 시작했다. 출연자들의 마음을 정확하게 읽어 낸 그는 그 순간 그들에게 가장 필요한, 그리고 그이기에 해 줄 수 있는 말을 건넸다.

"절대로 찝찝한 마음으로 집에 돌아갈 필요 없어요. 내가 오늘 터뜨렸다 못 터뜨렸다 걱정할 필요 없어요."

그는 이런 상황을 이미 다 예견하고 있었다며, 당연한 상황이라고 말했다. 그러면서 이번이 결코 그들에게 마지막 기회가 아니고 앞으로 계속 기회를 줄 것이니, 이 자리에서 모든 걸 보여 줘야 한다는 부담을 갖지 말고 편하게 놀다 가라고 얘기했다.

한 출연자가 그의 갑작스러운 질문에 당황해서 생각나는 것이 없다고 말하자 오히려 크게 칭찬하기도 했다. 예능 프로그램에서 생각나는 게 없을 때는 솔직하게 없다고 말하는 게 좋은 자세라며 높은 점수를 주고 싶다고 말이다.

"오늘 이게 다가 아니거든요."

잔뜩 얼어붙어 있던 출연자들은 그의 배려에 점차 긴장을 내려놓았고, 하나둘 자신의 장점을 드러내며 웃음을 빵빵 터뜨렸다. 초반의 경직됐던 모습을 털어 내고 시청자들에게 존재감을 각인시켰음은 물론이다. 그로부터 몇 년이 지난 지금, 그때 무명의 예능인으로 출연해 진땀을 흘리던 그들 중 상당수는 이제 잘나가는 '대세 연예인'이 되어 각종 예능 프로그램에서 두각을 나타내고 있다.

나는 그 방송을 보면서 누구도 부정할 수 없는 국민 MC의 반열에 오른 유재석 씨의 힘을 다시 한번 느꼈다. 그는 출연자를 대할 때 한 명 한 명의 표정과 몸짓에 집중하며 상대의 감정을 읽어 내기 위해 애를 썼다. 진정한 '들을 줄 아는 사람'의 모습이었다. 그가 인터뷰 프로그램인 tvN 〈유 퀴즈 온 더 블럭〉을 6년째 이끌어 오며 우리나라의 대표적인 예능 프로그램으로 성장시킨 건 우연이 아니다. 지역과 세대, 직종을 뛰어넘어 누굴 만나더라도 마음 깊은 곳에 담긴 진솔한 얘기를 끌어내는 건 상대의 얘기를 들을 줄 아는 그이기에 가능한 일이다.

그처럼 잘 들으려면 상대의 '이야기'보다 '감정'에 집중해야 한다. 입을 통해 나오는 이야기는 여러 단계의 정화 과정을 거쳐 정제된 것들이다. 아무리 직설적인 사람이라 해도 자신의 속마음을 있는 그대로 다 꺼내 놓는 사람은 없다. 상대를 보고, 시간과 장소를 가려 가며 정제해서 얘기를 꺼낸다. 그렇게 포장된 이야기를 잘 이해했다고 해서 결코 잘 들었다고 할 수 없다.

중요한 건 감정이다. 같은 말이라도 어떤 감정에서 나오느냐에 따라 전혀 다른 이야기가 될 수 있다. 상대가 무슨 일을 했는지보다 무엇을 느꼈는지, 무엇을 이야기하고 있는지보다 어떤 감정인지를 관심 있게 봐야 제대로 들을 수 있다.

누구나 내 선배가 혹은 내 동료가 유재석 같은 사람이길 바라지만, 자신이 후배나 동료들에게 그런 사람인지는 잘 생각하지 않는다. 우리 회사에 유재석 같은 사람이 없는 이유는 어쩌면 내가 유재석 같은 사람이 아니기 때문인지도 모른다. 오늘부터라도 내가 먼저 '유재석 연습'을 해 보는 건 어떨까.

● 할머니들에게 배우는

대화의 기술

가끔 연세가 지긋한 할머니들의 대화를 엿듣게 될 때가 있다. 반려견과 함께 동네에 산책을 나가거나 병원에서 대기하며 내 차례를 기다리다가, 혹은 버스나 지하철을 탔다가 옆에 앉은 할머니들의 대화를 의도치 않게 듣게 되는 것이다. 신기한 건 그 자리에서 처음 만난 낯선 사람들끼리 마치 원래 알고 있었던 것처럼 스스럼없이 대화를 길게 이어 간다는 거다. 장을 보다가 한 사람이 대뜸 "요즘 물가 너무 올랐어"라고 얘기하면 주변에서 물건을 고르던 사람이 호응하고, 그렇게 한번 말문이 트이면 힘든 시절 얘기, 요즘 사는 얘기, 가족들 근황까지 얘기가 물 흐르듯 이어진다.

더 신기한 건 서로 딴 얘기를 할 때도 적지 않다는 것이다. 멀리서 보면 대화가 잘 오가는 것 같은데 가까이서 들어 보면 서로 다른 얘기다. 각자 완전히 다른 주제를 갖고 얘기하는데, 놀랍게도 주거니 받거니 말이 잘도 오간다. 자기 얘기만 하느라 상대 얘기는 못 듣는 것 같지만 나중에 보면 내용도 대강 알고 있다. 얘기할 건 얘기하면서도 또 들을 건 다 듣는 거다. 어떻게 이게 가능한 것일까.

할머니들의 대화를 잘 들여다보면 타인의 얘기를 들을 때 본받을 만한 점들이 있다. 그들은 일단 듣는다. 잘 모르는 사람의 관심 없는 이야기도 그냥 듣는다. 재미없다고 말을 자르거나 피곤하다고 도망가지 않는다. 이해가 잘 안되는 내용이라 해도, 중간에 되묻거나 확인하지 않고 일단은 그냥 듣는다. 말하는 사람은 어떤 제지도 없이 자기가 하고 싶은 말을 충분히 꺼내 놓을 수 있다.

또 다른 특징은 상대의 말을 평가하지 않는다는 것이다. 상대가 무슨 말을 하든 긍정도 부정도 하지 않는다. 찬성하거나 반대하지도 않고 계속 듣는다. 상대가 자기 얘기를 하면 하는 대로, 남 얘기를 하면 하는 대로 이렇다 저렇다는 평가를 하지 않고 들어 준다. 내용을 잘 모르더라도 추임새를 넣어 주며 그 자리에 있어 준다. 말 그대로 그냥 있어 준다. 말하는 사람은 평가에 대한 부담 없이 마음 편하게 자기가 하고 싶은 말을 실컷 할 수 있다. 듣는 사람은 다 들은 뒤 그저 한마디 할 뿐이다.

"아이고, 짠해서 어쩐대."

말하는 상대에 대해 선입견이 없다는 것도 본받을 만한 부분이다. 동네 경로당을 가 보면 대부분 할머니들의 수가 할아버지들보다 압도적으로 많다. 여성이 남성보다 수명이 긴 영향도 있지만 그게 전부는 아니다. 보통 할머니들 방과 할아버지들의 방이 분리돼 있는데, 두 방은 분위기부터 다르다. 할머니 방은 온종일 시끌벅적 웃고 떠들며 활기찬 반면, 할아버지 방은 대체로 말이 별로 없고 분위기가 가라앉아 있다.

노인 복지 관계자들의 말을 들어 보면 할아버지들은 처음 만나면 바로 상대에게 은퇴 전의 직업과 직장, 경력을 묻고, 이를 중요하게 여기는 경우가 많다고 한다. 상대가 나의 과거를 중요하게 생각한다고 여기면 과거를 미화하기 쉽다. 그럴듯하게 포장하다 보면 허황된 얘기나 거짓 얘기도 나올 수 있다. 마음이 불편하고, 속얘기를 털어놓기 힘드니 발걸음도 뜸해지기 마련이다.

반면에 할머니들은 서로 누가 젊어서 무슨 일을 했는지, 어떤 자리에 있었는지를 크게 따지지 않는다고 한다. 상대의 살아온 삶에 대해 궁금해하고 관심을 갖지만 거기까지다. 학력도, 경력도 큰 의미가 없다. 그저 다 함께 나이 들어 가는 동지일 뿐이다. 어떤 배경을 갖고 있든, 어떤 가치관을 갖고 있든 바로 친구가 되어 함께 즐겁게 담소를 나눈다. 어떤 설움과 슬픔이 있어도 그곳에서만큼은 마음껏 자식 흉도 보고, 외로움도 털어놓는다. 그렇게 서로 들어 주고 욕도 해 주며 위로하고 위로를 받는다. 모두가 모두의 카운슬러다.

할머니들의 대화는 특별한 기술이 없어 보이지만, 사실은 남의 얘기를 들을 때 필요한 가장 기본적인 자세를 갖추고 있다. 일단 끝까지 듣고, 섣불리 평가하지 않고, 편견을 갖지 않

는다. 유난히 고난과 역경이 많았던 시대를 지나며 힘든 세월
을 견뎌 온 할머니들은 많이 들어 주고 보듬어 주면서 가정을
지키고 사회를 지탱해 왔으리라. 그것이 우리 할머니들의 삶의
지혜가 아닐까.

주도적으로 듣는

5가지 방법

'듣기'는 기본적으로 말하는 상대가 있어야 작동하는 행위이다. 그러다 보니 '듣기'를 '말하기'에 종속된 수동적인 행위로 보는 경향이 있다. 일단 상대가 말을 해야 들을 수 있고, 또 말하는 상대가 화제를 주도할 수밖에 없다고 보는 것이다.

하지만 20여 년간 방송 기자와 앵커로 활동하며 느낀 건 듣기는 매우 주도적이고 주체적인 행위라는 것이다. 듣는 사람이 어떻게 하느냐에 따라 이야기의 판을 깔고 주도할 수도 있고, 반대로 말하는 사람의 의도에 따라 듣기만 하는 객체가 될 수도 있다. 그동안 수많은 인터뷰와 대담 등을 통해 알게 된 주도적인 듣기 방법 5가지를 소개한다.

화제를 주도한다

말하는 사람은 보통 하고 싶은 얘기가 있다. 그것은 어떤 울분에서 나온 것일 수도 있고, 화가 나서일 수도 있고, 단지 전하고 싶은 게 많아서일 수도 있다. 이때 그저 가만히 듣고만 있는다고 잘 듣는 게 아니다. 이야기의 홍수 속에서 맥을 잘 짚어 그가 정말 하고 싶은 말이 뭔지, 중요하게 생각하는 게 뭔지를 파악해, 그쪽으로 충분히 이야기를 풀어낼 수 있도록 방향을 잡아 줘야 한다.

상대가 말하는 중간중간 요점을 확인할 수도 있고, 올바른 방향으로 질문을 집중할 수도 있고, 적극적인 호응으로 방향을 유도할 수도 있다. 그런 식으로 상대의 이야기가 진행될수록 방향을 좁혀 마지막에는 그가 가장 하고 싶은 말, 혹은 내가 가장 듣고 싶은 주제로 초점이 맞춰지도록 화제를 주도해 나가야 한다. 시간이 한정돼 있는 상황에서 방향 잃은 대화가 지속되면 이야기가 끝난 후 말한 사람도 개운치 않고, 들은 사람도 뭘 들었는지 모르겠는 상황이 벌어질 수 있다.

의심하며 듣는다

상대의 이야기에 호기심을 갖고 열린 마음으로 듣되, 항상 의문을 갖고 의심하며 들어야 한다. 대부분의 사기 피해는 제대로 의심하지 않아서 발생한다. 나한테 좋은 얘기일수록, 달콤한 얘기일수록 의심하며 듣는 노력이 필요하다. 귀에 솔깃한 말들은 대부분 나의 욕망을 자극하는 것들이라 무의식적으로 판단이 흐려지기 쉽다. 일부러 노력하지 않으면 이성이 작동하기 힘들다.

특히 유려한 말솜씨에 유의해야 한다. 지적이고 교양 있게, 매끄럽고 이해하기 쉽게 말한다고 해서 진실인 건 아니다. 오히려 특정한 의도를 갖고 누군가를 유혹하는 말일수록 더 듣기 좋고 그럴싸하게 포장된다. 상대의 말을 무비판적으로 듣는 건 그에게 내 영혼을 맡기는 것과 같다.

이는 꼭 상대에게 나쁜 의도가 있는 경우에만 해당되는 것이 아니다. 좋은 의도로 하는 말이라도 의도치 않게 진실과는 거리가 먼 얘기가 담길 수도 있다. 들을 때는 말하는 사람과 함께 진실 혹은 옳은 길을 찾아가는 과정이라 생각하고 비판적으로 들어야 한다.

사실과 주장을 구분한다

말하는 사람은 자신의 주장에 신빙성을 높이기 위해 여러 사례와 근거를 동원한다. 구체적인 사례와 근거는 듣는 사람을 설득하고 신뢰하게 만든다. 하지만 그중에는 말하는 사람의 주장이 사실로 둔갑되는 경우도 적지 않다. 누군가의 상상이 여러 사람의 입을 거치면 사실로 옷을 갈아입게 되기도 한다. 듣는 사람이 이를 걸러 내지 못하면 자신도 모르는 사이에 의도치 않게 잘못된 주장에 동조하게 되고, 헛소문이나 가짜 뉴스에 휘둘려 억울한 누군가에게 큰 상처를 주게 될 수도 있다.

그런 과오를 범하지 않으려면 말하는 사람의 얘기가 어디까지가 사실이고, 어디까지가 주장인지를 구분해서 들어야 한다. 말하는 사람이 밝힌 근거가 명확하지 않거나 믿을 수 없는 출처라면 아무리 그럴싸한 얘기라 해도 무작정 믿지 않고 더

확실한 근거가 나올 때까지 기다려야 한다.

목적을 생각한다

말을 할 때는 반드시 의도와 목적이 있다. 그게 상대를 설득하기 위한 것일 수도 있고, 억울함을 토로하기 위한 것일 수도 있고, 단지 친분을 쌓고 싶거나 스트레스를 풀고 싶은 것일 수도 있다. 듣는 사람은 말하는 사람의 의도와 목적을 제대로 파악해야 그에 걸맞게 듣고 대응할 수 있다. 설득을 위한 거라면 더 진지하게 대해야 하고, 억울함을 토로하기 위한 거라면 그 사람의 감정을 달래 줘야 하고, 친분을 쌓고 싶거나 스트레스를 풀고 싶은 거라면 즐거운 분위기로 맞춰 줘야 상대는 말할 기분이 난다.

만약 누군가를 음해하기 위한 것이거나 나를 속이기 위한 안 좋은 의도라면 더더욱 그 의도에 넘어가지 않기 위해서라도 이야기의 목적을 이해하는 것이 중요하다. 대화를 하고는 있는데, 뭔가 말이 안 통하는 느낌이 들 때는 말하는 사람의 의도와 목적을 잘못 이해하고 있는 경우가 많다.

나만의 맥락을 만든다

말하는 사람이 이야기하고자 하는 것과 내가 듣고자 하는 것이 충돌할 때에는 말하는 사람의 이야기 속에서 내가 듣고 싶은 것, 나에게 필요한 것을 추려 이야기를 재구성하고 나만의 맥락을 만들어야 한다.

그러기 위해서는 우선 상대가 말하고자 하는 바를 충분히 이야기하도록 해 주는 것이 좋다. 내가 듣고자 하는 것만 앞세우면 상대는 입을 닫아 버릴 수 있다. 일단 상대가 하고자 하는 이야기를 들어 주면서 그 안에서 길을 찾아야 한다.

잘 듣는 사람은 말하는 사람이 하고자 하는 얘기를 다 하게 해 주면서도 자신이 듣고자 하는 얘기를 끌어낸다. 배려심을 갖고 상대의 이야기를 적당히 수용하되, 내 머릿속의 화두를 놓지 않고 적절한 시점에 적확한 질문을 던져야 내가 원하는 맥락을 만들어 낼 수 있다.

● 들을 때 하지 말아야 할
　　　　　5가지 태도

말하는 사람이 얼마나 속을 터놓고 진솔하게 얘기하는가는 듣는 사람의 태도에 크게 좌우된다. 얘기할수록 마음이 편해지고 즐거워지는 사람에게는 숨겨 놨던 속내까지 털어놓게 되지만, 벽에 가로막힌 듯 갑갑한 마음이 들게 하는 사람과 얘기를 하다 보면 원래 하려던 말조차 접고 말문을 닫아 버리게 된다. 말하는 사람의 흥을 꺾고 말하기 싫게 만드는 태도 5가지를 꼽아 본다.

다 안다는 자세

말하는 사람이 아직 하고자 하는 얘기를 다 꺼내지도 않았는데, 서론만 듣고 무슨 말을 할지 다 안다는 듯한 자세를 보이는 사람들이 있다. 말하는 사람보다 나이가 많거나 사회적인 위치가 높은 사람에게서 더 자주 나타나는 태도다. 권위적인 부모나 직장 상사들이 잘 쓰는 말인데, 상대의 말을 끝까지 다 듣지도 않고 지레짐작으로 의도를 넘겨짚어 말을 끊는다.

"알아, 알아."

"무슨 말 하려는지 알아."

이런 말을 들으면 말하는 사람은 상대가 정말 다 아는 게 맞는지 의심스러워도 하고자 하는 말을 미처 다 하지 못한 채 어쩔 수 없이 끝을 맺는다. 나중에 보면 말하는 사람의 의도를 잘못 이해한 경우가 적지 않다. 설사 알고 있는 게 맞았다 하더라도, 말하는 사람 입장에서는 이런 말을 들으면 흥이 떨어져 그 사람과 더 얘기하고 싶은 마음이 사라지니 좋지 않은 태도다. 상대의 말을 들을 때에는 얘기의 결말을 알 것 같아도 일단 티를 내지 않고 끝까지 다 들은 뒤 판단하는 인내심이 필요하다.

준비되지 않은 상황에서 듣기

누군가의 말을 들을 때 중요한 자세 중 하나는 상대와 같은 온도, 같은 에너지를 유지하는 것이다. 말하는 사람의 온도가 뜨거운데, 듣는 사람의 온도가 뜨뜻미지근하다면 말하는 사람은 이내 흥이 떨어진다. 학교에서 선생님한테 칭찬을 받고 돌아온 아이가 신이 나서 부모에게 얘기하는데, 부모의 반응이 시원치 않으면 아이는 의욕을 잃어버린다. 직장에서 화나는 일을 겪은 아내가 귀가 후 남편에게 격한 감정을 토로하는데, 남편이 냉정하게 조언하면 아내는 남편으로부터 공감받지 못했다고 느낀다.

내 감정과 상황이 누군가의 얘기를 들을 준비가 되어 있지 않으면 상대의 온도와 에너지를 맞추기 어렵다. 내 감정 상태가 좋지 않고 마음에 여유가 없으니 상대의 얘기에 집중할 수 없고, 좋은 대답을 해 줄 수도 없다. 내 부정적 감정 상황이 상대를 대하는 태도에 영향을 끼쳐 무관심하거나 성의가 없는 것으로 오해를 살 수도 있다.

내 감정과 상황이 들을 준비가 되어 있지 않다면, 상대에게 솔직하게 얘기하고 양해를 구하는 게 좋다. 대화의 기회를 잠시 미루고, 먼저 내 감정을 돌보는 것이 우선이다.

내 경험을 기준으로 듣기

사람들은 누구나 상대의 얘기를 들을 때 자신의 경험과 상황에 비추어 이해하는 경향이 있다. 비슷한 상황에서 내가 느꼈던 감정을 토대로 상대가 느낀 감정을 해석하는 것이다. 그렇게 내 경험을 기준으로 모든 걸 재단하다 보면 오류가 발생한다. 상대에게는 큰 고민거리를 사소한 것으로 쉽게 생각하기도 하고, 상대가 중요하게 생각하는 문제를 대수롭지 않게 여길 수 있다.

그러다 보면 상대가 공감할 수 없는 섣부른 조언을 하기 쉽다. 직장 생활을 힘들어하는 후배에게 선배가 '내가 이랬으니 너도 이러면 될 거야'라며 자신의 경험대로 조언을 하거나, 남자 친구 부모님과의 만남을 부담스러워하는 여자 친구에게 남자 친구가 '가볍게 한번 만나 보라'고 권유하는 식이다.

사람마다 성향이 다르고, 조건에 차이가 있으며, 상황이 다른 만큼 같은 사안에 대해서도 느끼는 감정은 다를 수밖에 없다. 내가 바라보는 세상은 어디까지나 나만의 안경을 통해 보이는 것이라는 사실을 잊지 말아야 내 아집에 사로잡혀 다른 사람의 생각과 감정을 판단하는 것을 조금이라도 피할 수 있다.

말 끊고 반박하기

사소한 대화가 다툼으로 번져 말싸움을 벌이는 사람들을 지켜보면 꼭 빼놓지 않고 등장하는 말이 있다.

"내 말 좀 끝까지 들어 봐."

상당수의 말싸움은 상대의 말을 자르고 반박을 하는 데서 시작된다. 반박에 재반박이 오고 가면 애초에 하려던 얘기는 방향을 잃고 누가 이기냐의 감정싸움으로 변질되고 만다.

상대의 얘기를 들을 때는 나와 생각이 다르고 동의할 수 없더라도 일단 중간에 반박하지 않고 끝까지 들어 줘야 한다. 내가 상대의 얘기를 충분히 다 들어야 상대 역시 내 얘기를 들을 여유가 생긴다.

아예 반박도 하지 말고 반론도 펴지 말라는 얘기가 아니다. 반박은 상대의 얘기를 다 들은 뒤에 해도 늦지 않다. 상대의 논리를 제대로 듣고 이해해야 반론도 제대로 펼 수 있다. 반론을 편 뒤에도 서로의 간극이 좁혀지지 않는다면 억지로 좁히려 하지 않고 서로의 다름을 그대로 인정하면 된다.

침묵을 못 참는 자세

대화 도중 갑자기 찾아오는 정적은 사람을 당황케 한다. 머릿속이 진공상태가 된 듯한 느낌이 들기도 하고, 참을 수 없는 불편함으로 인해 등에 땀이 흐르기도 한다. 그 불편함을 모면하기 위해 궁금하지 않은 질문을 쏟아 내거나 별 의미 없는 말을 이어 가는 경우가 많다.

그런데 때로는 침묵이 더 많은 말을 할 때가 있다. 차마 말로 표현할 수 없는 부담스러운 이야기를 침묵으로 대신하기도 하고, 중요한 결심을 위해 잠시 뜸을 들이기도 한다. 복잡한 생각을 정리하기 위해 침묵의 시간이 필요할 때도 있다.

이때 상대가 불편함을 견디지 못해 자꾸 쓸데없는 말로 침묵을 방해하거나 말을 재촉하면 정말 중요한 얘기를 놓칠 수 있다. 침묵이 주는 불편함을 참고 기다려 줘야 할 때가 있는 것이다. 침묵에 익숙해지는 것도 잘 듣는 방법 중 하나이다.

'잘 듣기' 위해

'잘 질문'한다

지난 2010년 서울에서 열린 G20 정상회의는 한국 기자들에게는 잊을 수 없는 굴욕으로 남아 있다. 문제의 사건은 정상회의 마지막 날 벌어졌다. 기자회견에 나선 오바마 미국 대통령이 한국의 성공적인 G20 개최를 축하하며 개최국인 한국 기자들에게 특별한 선물을 주었다.

"한국 기자들에게 질문권을 하나 드리고 싶군요. 정말 훌륭한 개최국 역할을 해 주셨으니까요."

세계 최강국의 대통령을 직접 인터뷰할 수 있는 엄청난 기회였다. 그런데 기자회견장에 갑자기 싸늘한 기운이 감돌았다. 장내에 있던 국내 수많은 매체의 기자들이 갑자기 꿀 먹은 벙어리가 된 듯 입을 닫은 채 아무도 나서지를 않은 것이다. 이 당혹스러운 상황에 오바마 대통령은 한국 기자들이 영어 부담으로 나서지 못하는 것이라고 생각하고 다시 제안을 건넸다.

"한국어로 질문하면 아마도 통역이 필요할 겁니다. 사실 통역이 꼭 필요할 겁니다."

그러나 웬걸, 어색한 침묵은 계속됐다. 이 안타까운 적막을 깬 건 중국 기자였다.

"실망시켜드려 죄송하지만 저는 중국 기자입니다. 제가 아시아를 대표해서 질문해도 될까요?"

이 상황을 도저히 믿을 수 없다는 듯 오바마 대통령은 기자들을 둘러보며 다시 확인했다.

"그것은 한국 기자가 질문하고 싶은지에 따라서 결정되겠네요. 없나요? 아무도 없나요?"

끝내 단 한 명의 한국 기자도 질문을 하지 않자 오바마 대통령은 난감한 웃음을 터뜨렸고, 소중한 질문의 기회는 중국 기자에게 넘어가 버리고 말았다.

이 민망한 상황이 공개되자, 국내에서는 질문 한마디 못 한 무능한 한국 기자들이라며 비난과 조롱이 쏟아졌다. 한국 기자들이 영어 실력이 떨어져서 그런 거다, 부끄러움이 많아서 그런 거다, 전문성이 부족해서 그런 거다, 여러 분석도 이어졌다.

오랜 기간 방송 기자 일을 해 온 나로서는 비록 그 자리에 있지는 않았지만, 같은 기자로서 부끄럽고 창피하면서도 그 상황이 이해되지 않는 건 아니었다. 학교 교육에서부터 활발한 토의나 토론보다는 주입식 교육에 길들여져 있는 한국인들은 대부분 올바른 질문법에 대한 교육이나 훈련은 받지 못한 것이 현실이다. 질문하는 걸 업으로 삼는 기자들조차 남들 앞에서 공개적으로 질문하는 게 익숙하지 않다 보니, 평소에도 부담스러운 마음에 궁금한 점을 공식 브리핑이나 기자회견장에서는 잘 묻지 않고, 뒤에서 따로 백브리핑이나 전화 통화 등을 이용해 개인적으로 묻는 경우가 많다. 괜히 공개된 자리에서 질문했다가 질문의 수준에 대해 남들에게 평가를 받거나 자신의 부족한 밑천을 드러내고 싶지 않은 것이다.

 실제로 여러 기자회견장에서 기자들의 질문을 듣다 보면 이른바 '실패한 질문'을 종종 접하게 된다. 그중 대표적인 사례들을 꼽자면, 먼저 '핵심을 비켜난 질문'을 들 수 있다. 어떤 사안이든 그것을 둘러싼 수많은 정보와 사실이 존재한다. 거기서 버릴 것은 버려야 하는데, 그러지 못하고 사소한 사실 하나하나에 집착하다 보면 정작 중요한 핵심은 빠뜨린 채 주변적인 것만 묻게 된다. 결국 물었지만 물은 게 없는, 들었지만 들은 게 없는 결과가 된다. 이런 상황에 처하지 않으려면 항상 머릿속에 '질문의 목적이 무엇인지' 화두를 놓지 말아야 한다.

 또 다른 실패한 질문으로는 '지나치게 긴 질문'이 있다. 서론이 쓸데없이 길어지는 건데, 질문을 하게 된 배경을 장황하게 설명하는 경우가 많다. 주로 질문하는 사람이 지식을 뽐내려 하거나 자신을 드러내고 싶어 할 때 벌어진다. 인사 청문회에서 질문을 하는 국회의원이 청문회 대상자에게 답변할 기회를 주지 않고, 주어진 시간 내내 질문만 하다 끝내는 게 대표적인 사례다. 이렇게 되면 답변할 사람의 집중력이 떨어지고 답변 시간도 짧아져 듣고자 하는 내용을 듣지 못하거나 답변이 부실해지기 쉽다.

한꺼번에 너무 많은 걸 묻느라 질문이 길어지는 경우도 있다. 여러 궁금증들을 모두 풀고자 하는 욕심에 많은 걸 동시에 질문하면, 답변하는 사람 입장에서는 모든 걸 대답해야 한다는 부담감에 무엇 하나 자세히 얘기하지 못하고 대답을 통째로 빠뜨리는 경우도 생긴다. 묻는 사람은 많은 걸 알고 싶었던 거지만, 정작 하나도 제대로 듣지 못하는 결과를 맞게 된다. 궁금한 게 많더라도 한 번에 하나씩 접근해야 상대도 질문하는 사람과 같은 호흡으로 얘기를 이어 갈 수 있다.

이런 실패한 질문은 일상에서도 자주 벌어진다. 가족끼리 대화가 잘 되지 않거나, 친구나 연인 사이에 오해가 생기거나, 직장 동료와 소통이 원활하지 않을 때 보면 질문이 잘못된 경우가 많다. 상대에게 하고 싶은 말을 명확히 하지 않고 핵심을 비켜 가거나, 상대의 얘기를 들을 생각은 하지 않고 자기 말만 하거나, 걸러지지 않은 얘기들로 중언부언하는 경우, 듣고 싶은 얘기나 상대의 본심을 듣지 못한 채 오해가 쌓이고 갈등이 커지게 된다.

야구에서 투수는 상대 타자의 공격을 상대하는 수비 위치로 분류되지만, 실제 경기에서는 다양한 공으로 상대의 방망이를 유도하며 경기를 주도적으로 이끌어 간다. 대화를 할 때도 잘 듣기 위해서는 좋은 투수가 돼야 한다. 적절한 질문을 던져 화제를 설정하고 대화의 방향을 잡으며, 때로는 원하는 대답을 이끌어 내기도 하는 주도적이고 능동적인 태도가 필요하다. 잘 듣기 위해서는 잘 질문해야 한다.

● 청해력 훈련 ①

기억하며 듣는다

청해력을 높이는 첫 단계는 상대방의 말을 '기억하는 것'이다. 말의 참뜻을 알려면 맥락을 이해해야 하는데, 맥락을 분석하는 건 결국 상대방의 말을 기억하는 데서 시작된다. 처음에 이 얘기가 왜 시작됐고, 무슨 말로 출발했으며, 이후 어떻게 전개됐는지를 기억해야 상대방이 하고자 하는 말의 맥락을 이해할 수 있다. 기억하지 않고 들으면 말의 맥락을 놓치기 쉽고, 집중력이 떨어져 주제를 파악하기 어렵다.

상대방의 말을 기억하는 가장 쉬운 방법은 말의 '순서를 기억하는 것'이다. 기자의 경우 공적인 취재원들과 밥을 먹거나 술을 먹는 등 사적인 자리를 가질 기회가 많다. 국회의원이나 정책 담당자, 기업인 등은 여론이나 정보를 듣고 필요한 것을 홍보하는 통로를 만들어 놓고자 평소 기자들을 찾는다. 기자 입장에서는 중요한 취재원의 속내나 주요 인사, 사건, 정책 등의 뒷이야기를 듣고 지속적인 관계를 맺는 인적 네트워크를 만들 수 있는 기회이니, 어떻게 보면 누구나 공개적으로 들을 수 있고 내용이 쉽게 공유되는 공식 브리핑보다 더 중요한 자리이기도 하다.

문제는 여기서 오가는 얘기가 너무 많고, 중구난방이라는 점이다. 사전에 준비되고 정제된 말이 나오는 공식 브리핑과 달리, 밥을 먹거나 술을 마시며 계획 없이 나오는 말이다 보니, 사소한 잡담부터 심각한 고민까지 주제를 가리지 않는 온갖 얘기가 이리 튀고 저리 튀며 마구 쏟아져 나온다. 그 많고 많은 이야기의 홍수 속에 잠겨 버리지 않고 목적지까지 잘 헤쳐 나가려면, 상대의 얘기를 잘 알아듣고 맥락을 이해해야 하는데, 그러기 위해서 가장 중요한 게 잘 기억하는 것이다. 조각조각 흩어져 있는 이야기의 파편들은 그 하나로는 아무런 정보가 되지 않아도 잘 모아서 맞추다 보면, 마치 퍼즐 조각이 모여 숨어 있던 그림을 만들어 내듯 비밀이 풀리는 경우가 많다. 때로는 내가 갖고 있는 조각들로는 잘 맞춰지지 않던 그림도 여러 사람의 조각들을 함께 모아 보면 비어 있던 자리가 채워지기도 한다. 어떤 중요한 사건에 대해 내가 갖고 있는 정보가 '시간' 뿐이어도, '장소'만 알고 있는 기자, '방법'만 알고 있는 기자가 모여 퍼즐을 맞추다 보면 사건의 윤곽이 드러나는 식이다.

그렇다고 밥을 먹거나 술잔을 기울이는 편한 자리에서 대놓고 메모를 하며 들을 수도 없다. 상대는 내가 메모하는 모습을 보는 순간 입을 닫아 버릴 가능성이 크다. 요즘 휴대폰 녹음 기능이 뛰어나 녹취를 해 놓으면 도움이 될 수 있지만, 그렇게 몰래 녹음을 하다 상대가 알아채기라도 하면 서로 간의 신뢰가 무너져 버리니 그것도 쉽지 않다. 결국 기댈 건 오직 하나,

나의 기억력뿐이다. 여러 기자들이 함께 참석한 자리에서 나만 혼자 기억을 못 하거나, 다른 내용으로 잘못 기억을 했다가는 자칫 특종을 놓치거나, 오보를 날릴 수도 있으니 정신을 바짝 차려야 한다.

이렇게 많은 이야기들을 기억해야 할 때 좋은 방법이 순서대로 기억하는 것이다. 이야기의 화제가 바뀔 때마다 어떤 이야기가 오가고 있는지를 순서대로 기억하며 듣는 방법이다. 그렇게 화제만 잊지 않아도 나중에 개별 화제 속 구체적인 이야기는 떠올리기 쉽다.

화제를 순서대로 기억하기 위해 내가 자주 쓰는 방법은 화제별로 앞 글자를 따서 암기하는 것이다. 예를 들어, 국회의원과의 술자리에서 '총선-지역-대표-청년-여성' 순서로 화제가 이어지고 있다면 앞 글자를 따서 '총지대청여'라고 암기하는 것이다. 이런 식으로 한 문장을 만들어 반복적으로 외면 열 글자 정도는 어렵지 않게 기억할 수 있다. 굳이 기억할 필요 없는 잡담은 빼고, 중요한 화제들을 순서대로 기억하면 대화의 맥락을 놓치지 않고 따라가기 쉽다. 이야기가 중간에 산으로 가게 됐을 때에도 대화의 원점이나 화제의 시작점으로 돌아가 다시 방향을 잡는 데 큰 도움이 된다. 간혹 말주변이 좋은 사람을 만나면 일부러 대화의 핵심을 피해 가는 경우도 볼 수 있는데, 이

때에도 상대의 의도에 말려들지 않고 내가 원하는 방향으로 대화를 이끌기 위해서는 대화의 흐름을 기억하는 것이 필요하다. 이는 나중에 헤어진 뒤에 대화를 복기하는 데에도 큰 도움이 된다.

　잘 듣는 사람은 잘 기억한다. 기억하지 않고 들으면 이야기가 길어질수록 집중력이 떨어져 딴생각을 하기 쉽다. 이야기가 방향을 잃어도 이를 인지하지 못해 의미 없는 대화로 시간을 낭비하게 될 수도 있다. 결국 대화에서 중요한 부분을 놓치고, 맥락을 잡지 못해 이해력이 떨어지게 된다. 회의가 끝난 뒤 핵심을 알지 못하고, 강의가 끝난 뒤 머리에 남는 게 없으며, 영화 한 편을 다 보고도 줄거리를 제대로 설명하지 못한다. 잘 듣고 잘 이해하려면 우선 귀에 들어오는 것들이 그대로 흘러 나가지 않고 내 안에 머물도록 붙잡아 매려는 노력이 필요하다.

● 청해력 훈련 ②

한 문장으로 줄여 본다

회의나 강연, 프레젠테이션 등에서 발표자의 얘기가 길어지면 어느 순간부터 무슨 말인지 헷갈릴 때가 있다. 여러 얘기가 맥락 없이 뒤섞이기 시작하고, 발표자의 말이 귀에 들어오지 않는다. 발표는 점점 지루해지고, 머릿속은 발표 내용과 상관없는 잡념으로 채워진다. 몸은 여기에 있지만 영혼은 나만의 세계를 방황한다. 이렇게 회의나 강연 도중에 자꾸 딴생각을 하는 건 청해력이 떨어질 때 나타나는 대표적인 증상 중 하나다. 내용을 잘 이해하지 못하다 보니 따라가지 못하고 낙오되는 것이다.

이럴 때 혼돈에서 탈출하는 방법이 있다. 발표자의 얘기를 '한 문장으로 줄여 보는 것'이다. 발표자의 얘기를 따라가며 요지를 한 문장씩 요약해 본다. 그렇게 요약된 문장이 쌓이면 점차 발표자와 호흡을 함께하게 된다.

이건 방송 프로그램에서 많이 쓰는 방법이기도 하다. 언젠가부터 우리 방송 프로그램을 보면 쉴 틈 없이 자막이 이어진다. 예능 프로그램을 보면 한 화면에 두세 개의 자막이 동시에 나오기도 한다. 그중에는 출연자의 말을 그대로 옮겨 적은 것도 있지만, 상당수는 프로그램 내용을 계속 요약해 주는 것이다. 프로그램 진행과 동시에 자막이 진행된다고 할 수 있을 정도로 이제 자막은 화면에서 뺄 수 없는 존재가 되었다. 뉴스도 마찬가지다. 기사 중간중간 화면 아래쪽에 계속해서 내용을 요약하는 자막을 넣는다. 자막만 이어 붙여도 기사 하나가 만들어질 정도다.

여기에는 혹시라도 시청자가 내용을 이해하지 못해 못 따라오는 것을 방지하기 위한 의도가 깔려 있다. 한번 내용을 놓치면 채널을 돌릴 가능성이 크기에 시청자들이 낙오되지 않고 따라올 수 있도록 계속해서 맥을 짚어 주고 이해를 돕는 것이다. 실제로 다매체 시대의 도래로 방송사들 간의 시청률 전쟁이 격화된 이후 화면의 자막은 더욱 많아지는 경향을 보이고 있다.

이렇게 화면에서 자막이 범람하면서 부작용도 나타나고 있다. 미디어에 익숙한 사람들에게서 청해력이 떨어지는 현상이 보이는 것이다. 중간중간 알아서 내용을 요약해 주는 자막에 의존해 미디어를 보다 보니, 자막 없이는 내용을 제대로 이해하지 못하고 흐름을 놓치게 된다. 스스로 내용을 요약하며 이해하는 능력이 떨어진 데서 기인하는 것으로 볼 수 있다.

기자들은 끊임없이 한 줄로 요약하는 것을 훈련받는다. 일단 취재 내용을 보고하면 선배로부터 질문을 받는다.

"그래서 한 문장으로 하면 뭐야?"

뉴스 가치를 제대로 인정받으려면 아무리 방대한 내용으로 장기간 탐사 취재를 했다 하더라도 일단 한 문장으로 줄일 수 있어야 한다. 실제로 기자가 취재 내용을 한 문장으로 요약하지 못하는 건 내용을 잘 이해하지 못했거나, 감을 잡지 못하고 있거나, 취재 내용 자체가 얘기가 안 되는 경우가 대부분이다.

'한 줄 요약하기'는 기사를 쓰면서도 끊임없이 이어진다. 기사 전체 내용을 축약한 한 줄짜리 제목을 달아야 하고, 통상 두 줄 안으로 기사를 유도하는 앵커멘트를 작성해야 한다. 기사 안에서는 핵심 내용을 간략하게 CG(컴퓨터 그래픽)로 표현해야 하고, 기사 작성 후에는 주요 내용마다 요약한 자막을 달아야 한다.

이렇게 훈련하고 나면 들으면서 실시간으로 요약하는 일이 가능해진다. 대표적인 게 뉴스 속보다. 사회적으로 큰 이슈가 터지면 주요 책임자가 나와 기자회견을 하고, 방송사는 중계차로 현장을 연결해 생방송으로 소식을 전달한다. 이때 담당 기자는 실시간으로 회견을 들으면서 계속해서 주요 내용을 요약해 자막으로 내보내야 한다. 오직 귀에만 의존해 내용을 파악하고, 동시에 이해하기 쉽도록 한 문장으로 만들어 내야 하기에 고도의 집중력과 이해력이 필요한 과정이다. 자막을 작성

하는 즉시 생방송으로 나가기 때문에 누가 확인해 주거나 고쳐 줄 수 있는 여지도 없다. 잘못 듣고 틀린 내용을 자막에 내보내거나 제대로 이해하지 못해 엉뚱하게 요약하면 곧바로 방송 사고다. 평소에 잘 훈련한 기자는 맥을 잘 짚는 자막으로 시청자들을 붙들어 놓는다.

긴 이야기를 놓치지 않고 잘 이해하려면 평소 청해력을 기르는 연습이 필요하다. 뉴스 영상처럼 잘 요약된 자막이 많이 나오는 콘텐츠는 좋은 교재다. 뉴스 영상을 볼 때 자막을 가린 채 스스로 내용을 요약해 자막을 달아 보고, 실제 영상에 달려 있는 자막과 비교해 보면 내가 얼마나 내용을 잘 이해하고, 요약을 잘했는지 알 수 있다. 회의나 강연, 프레젠테이션 등을 들을 때에도 상대의 말이 무작정 흘러가도록 내버려두지 않고, 요지를 한 줄로 요약하며 듣는 습관을 들이면 어느새 청해력이 부쩍 좋아진 나를 발견할 수 있다. 그것이 '한 줄'의 마법이다.

● 청해력 훈련 ③

배경을 이해한다

상대방의 말을 잘 이해하는 데 도움이 되는 것 중 하나가 배경을 이해하는 것이다. 듣기는 '듣는 순간'이 아닌 '듣기로 마음먹은 순간'부터 시작된다. 잘 들으려면 제대로 듣고 이해하기 위한 준비가 필요하다. 사전에 배경과 맥락을 이해함으로써 잘 들을 수 있는 상태를 만들어 놓아야 한다.

듣는 게 직업인 기자들의 경우, 인터뷰가 잡히면 가장 먼저 하는 게 인터뷰하는 상대의 이력과 활동에 대해 공부하는 것이다. 같은 사안에 대해 얘기를 하더라도 말하는 사람의 이력에 따라 접근 방식은 달라진다. 평생 공무원을 한 사람과 시민 단체에 몸담은 사람, 교단에서 학생을 가르치고 연구에 매진한 사람과 현장에서 사업에 투신한 사람은 세상을 바라보는 근본적인 시선에서 차이가 있을 수 있다. 오랜 시간 각자의 경험을 통해 서로 다른 사람을 만나고, 다른 것을 겪게 되면 여러 사안에 대한 이해의 범위와 폭이 달라지기 때문이다. 그러한 배경을 알고 상대의 얘기를 듣는 것과 전혀 모른 채 무작정 듣는 것은 이야기의 맥락을 이해하는 데 큰 차이가 있다.

가장 먼저 확인하는 건 상대의 기본적인 인적 정보다. 출신 지역과 학교, 전공은 무엇인지, 어디에서 어떤 일이나 활동을 해 왔는지부터 알아본다. 이는 지연과 학연을 동원해 네트워크를 만들려는 것이 아니라, 그 사람이 걸어온 길을 확인하고자 함이다. 이런 기본 정보는 유명인의 경우 포털사이트 인물 검색을 통해 쉽게 알 수 있는데, 요즘은 일반인도 SNS나 블로그를 많이 하기 때문에 조금만 공들여 검색하면 알아낼 수 있는 부분이 많다.

연락처를 안다면 전화번호를 저장해 메신저 프로필을 확인할 수 있다. 프로필은 개인이 타인에게 보라고 공개한 공식 정보 창구다. 이렇게 공개된 정보만 봐도 결혼은 했는지, 아이가 있는지, 반려동물을 키우는지, 어떤 취미 생활을 하고 있고, 뭘 좋아하는지 등을 알 수 있는 경우가 많다. 어린아이가 있는 집은 대체로 육아 정책에 관심이 많고, 반려견을 키우는 사람의 대다수는 개 식용에 반대하며 동물권을 중요하게 생각한다. 독서나 음악 감상 같은 정적인 취미를 갖고 있는 사람과 등산, 운동 같은 활동적인 취미를 갖고 있는 사람의 관심사는 다를 수 있다. 이런 배경지식을 갖추는 건 상대의 얘기를 더 깊게 이해하는 데 보탬이 될 뿐만 아니라, 대화를 더 매끄럽게 이끌어 가는 데도 도움이 된다.

더 나아가 대학에서 학위를 받았다면 논문 주제는 무엇이었는지, 책을 냈다면 어떤 내용의 책을 썼는지도 알아 두면 좋다. 이런 정보는 간단한 검색만으로도 쉽게 알아낼 수 있다. 여유가 있다면 해당 논문이나 책을 미리 살펴보는 것도 큰 도움이 된다. 누군가의 글을 읽는 건 그를 만나 깊은 대화를 나누는 것과 같다. 상대의 생각을 미리 알고 가는 것이니, 그의 이야기를 이해하기에 이보다 더 좋을 수는 없다.

말하는 사람에 대해 이해했다면, 그다음에는 대화의 주제를 미리 공부하는 것이 좋다. 가장 중점을 둬야 할 건 과거부터 이어져 온 해당 주제의 맥락이다. 그동안 어떤 일이 있었고, 어떤 논의가 전개되어 왔는지, 그사이 사실 관계가 달라진 건 없는지 그 내력을 이해하면 전체적인 맥락을 알 수 있고, 맥락을 알면 정확하게 이해하는 데 도움이 된다. 해당 주제가 논란이 있는 거라면 서로 반대편에 있는 사람들이 어떻게 다른 입장을 취하고 있으며, 어떤 논리를 갖고 있는지 양쪽의 주장을 다 파악해야 상대에게 겉도는 질문이 아닌 깊이 있는 질문을 할 수 있다. 많이 알고 이해할수록 핵심을 파고드는 질문을 할 수 있다. 좋은 답변은 좋은 질문에서 나오고, 좋은 질문은 많이 아는 데서 나온다.

상대의 얘기를 듣기 전에 배경을 이해하는 건 꼭 인터뷰처럼 공식적인 자리에서만 필요한 게 아니다. 기자들은 취재원과 가벼운 식사나 술자리를 갈 때에도 잠깐이라도 짬을 내 상대에 대해 검색해 보는 경우가 많다. 상대를 공부하고, 그가 해

온 일에 대해 알수록 더 많은 이야기가 들린다. 편하게 대화가 오가는 자리도 상대에 대해 많이 아는 만큼 더 잘 알아듣고, 더 잘 소통할 수 있다.

하지만 주의해야 할 점도 있다. 편견에 사로잡히지 않는 것이다. 어디까지나 배경지식은 참고 사항일 뿐이다. 배경이 사람에게 영향을 줄 수 있지만, 그것이 어떤 방향으로 영향을 줄지는 알 수 없다. 같은 경험도 사람에 따라 좋은 기억이 될 수도, 반대로 생각하고 싶지 않은 나쁜 기억으로 남을 수도 있다. 같은 배경을 가진 사람의 대부분이 비슷한 성향을 보인다고 해서 모두 그런 것은 아니며, 지금까지 그래 왔다고 앞으로도 계속 그렇게 가는 것 역시 아니다. 배경지식은 잘 활용하면 사람을 읽고 그의 말을 이해하는 데 도움이 되지만, 잘못 활용하면 편견과 차별의 근원이 될 수도 있음을 명심해야 한다.

● 자녀에게 부모 얘기를

　　　　듣게 하는 법

초등학생 때 나는 책을 꽤 많이 읽는 어린이였다. 내 방 책꽂이에는 항상 여러 책들이 꽂혀 있었다. 특히 사촌 형이 커서 더 이상 읽지 않는다며 이모 집에서 엄마가 받아 온 〈어린이 세계문학전집〉은 내가 유난히 좋아하던 책이었다. 100권 가까이 되는, 초등학생으로서는 엄청난 양인데다, 권당 2~300쪽에서 많게는 400쪽이 넘는 두꺼운 책들이었지만 나는 한번 읽기 시작하면 몇 시간씩 한자리에 앉아서 뚝딱 읽어 냈다. 하얀색 딱딱한 표지에 검은색 고딕체로 굵게 새겨진 책의 제목들은 지금도 줄줄이 떠오른다. 특히 로라 잉걸스 와일더(Laura Ingalls Wilder)라는 작가의 책을 좋아했는데, 그가 쓴 《초원의 집》, 《우리 읍내》라는 책을 읽은 뒤 혼자 한동안 미국 서부의 마을을 상상하며 지내기도 했다. 그렇게 한 권, 한 권 읽어 내려간 책들은 시골 소년의 좁디좁은 세상을 이곳저곳으로 끝없이 넓혀 주는 마법의 양탄자와도 같았다. 전집을 거의 다 읽고 나면 엄마는 다시 주변의 지인들을 통해 자녀가 중고등학생이 되어 더 이상 읽지 않게 된 어린이책을 구해 와서 책꽂이에 꽂아 주곤 했다.

반전은 내가 원래 책을 좋아하는 아이가 아니었다는 사실이다. 어린 시절 내가 가장 좋아한 건 TV였다. TV를 너무나 좋아해서 집에 있을 때는 몇 시간이고 채널을 돌려 가며 머리가 아프도록 TV를 봤다. 방송사들의 요일별 편성표를 줄줄이 꿰고 있었고, 심지어 자면서도 TV를 보는 꿈을 꿨다.

그런 나를 독서에 빠져들게 한 엄마만의 방법이 있었다. 내가 집에서 뒹굴거리며 한참 TV에 빠져 있으면 엄마는 어김없이 내게 게임을 제안해 왔다. 이름하여 '빨리 읽기 게임'이다. 게임의 룰은 아주 간단했다. 책꽂이에서 서로 상대가 읽을 책을 골라 주고 동시에 책을 읽기 시작해서 먼저 자기 책을 다 읽는 사람이 이기는 거였다.

게임에서 진 사람은 이긴 사람의 소원 하나를 들어줘야만 했기 때문에 쉽게 포기할 수 없었다. 나는 언제나 게임에서 이기기 위해 무조건 책꽂이에서 가장 두꺼운 책을 골라서 엄마에게 내밀었다. 반면 엄마는 두께와 상관없이 그때마다 이런저런 책을 골라서 줬다. 그때는 엄마가 게임에서 이기는 방법을 잘 모른다고 생각하며 속으로 웃었는데, 지금 생각해 보니 엄마가 나름의 기준으로 나에게 읽힐 책들을 선별한 거였다.

게임을 시작하면 엄마는 자리에 앉아서 내가 골라 준 두꺼운 책을 몇 시간이고 읽었다. 나도 엄마 옆에서 게임에 이기기 위해 열심히 책을 읽었다. 어떻게든 게임에 이기고 싶으면 속임수를 써서 몇 페이지씩 건너뛰며 읽어도 됐을 텐데 나는 한 번도 그런 적이 없었다. 다 이유가 있었다. 세계문학전집에 들어갈 정도로 엄선된 유명 작가들의 대표작들이니 얼마나 재미있겠는가. 처음에는 별생각 없이 책을 읽기 시작해도 3~40쪽을 넘어가면 작품의 재미에 푹 빠져서 한 페이지도 놓칠 수가 없었다.

그렇게 책 한 권을 다 읽고 나면 난 득의양양하게 승리를 외쳤다. 그거 이기는 게 뭐라고 난 엄마보다 먼저 책을 다 읽으면 게임에서 이겼다고 좋아라 했다. 그때 엄마에게 어떤 소원을 말할지 궁리하며 설레었던 기분이 지금도 생생하다. 게임에서 질 때도 있었는데 그렇다고 책 읽기를 중단한 적은 없었다. 이미 책을 거의 다 읽어 가는 마당에 작품의 결말이 궁금해서 도저히 독서를 그만둘 수가 없었다. 그렇게 엄마는 단 한 번도 책 읽으라는 소리를 안 하고도 독서에 취미 없는 어린이가 수백 권의 책을 다 읽게 만들었다.

그때 내가 그렇게 가만히 앉아서 책을 읽을 수 있었던 건 엄마가 항상 책 읽는 모습을 보여 줬기 때문이다. 엄마는 나에게 책을 읽으라고 말하지 않고 본인이 먼저 책을 읽었다. 더구나 성인인 엄마가 읽기에 다소 유치했을 어린이 문학을 나와 함께 하나하나 끝까지 다 읽었다. 차라리 그 시간에 엄마 눈높이에 맞는 다른 책들을 읽는 게 훨씬 더 즐거웠을 테지만 엄마는 그렇게 하지 않았다.

독서량이 늘어 갈수록 난 책 읽는 속도가 점점 빨라졌고, 집중력도 좋아졌다. 독서가 끝나고 나면 엄마한테 책의 내용을 나불나불 떠들다 보니 어느새 책의 요점을 파악하고 요약하는 능력도 향상됐다. 덕분에 학교에서 나는 다른 친구들보다 눈에 띄게 글을 빨리 읽고 요점도 잘 찾아냈던 기억이 난다.

어린 시절의 이런 경험은 훗날 내가 뉴스 앵커로 활약하는 데에도 큰 도움이 됐다. 그날그날 쏟아지는 많은 기사들에서 주목해야 할 부분이 무엇인지, 시청자들에게 전달해야 할 메시지는 무엇인지를 파악하고, 문장 사이 숨어 있는 기자의 의도를 찾아내 매력적인 앵커멘트를 쓰는 데 있어서 잘 읽고, 핵심을 잘 찾아내는 건 중요한 덕목이었다.

엄마는 어린 시절 나에게 책을 읽으라고 한 번도 말하지 않았지만 책을 읽도록 만들었다. 엄마 말을 들으라고 하지 않고도 듣게 했다. 이는 엄마가 진짜 하고 싶은 얘기를 말이 아닌 행동으로 보여 주었기에 가능한 것이었다. 상대로 하여금 내 말을 듣게 하는 가장 큰 힘은 말이 아닌 행동에 있음을 나는 일찍이 엄마에게 배웠다.

● 큰 감동은

　　　　작은 이야기에서 나온다

처음 책을 출간했을 때, 한동안 독자들의 독서 후기를 찾아 읽는 게 일상이었다. 개인 블로그나 SNS에 올라온 후기들을 읽다 보면 독자들의 감정이 생생하게 전해졌다. 그중 유독 내 마음을 흔들어 놓은 후기가 하나 있었다. 책을 내고 한 달쯤 뒤였을까. 그날도 잠시 틈이 나서 독서 후기들을 읽고 있는데 책을 읽게 된 계기가 눈에 띄는 사람이 있었다. 40대 직장인 남성인 그는 최근 회사에서의 힘든 일들로 인해 고민이 많았는데, 어느 날 퇴근을 하고 집에 오니 부인이 그에게 도움이 될 것 같아 골랐다며 책 한 권을 건네주더라는 것이다. 부인이 남편의 고민을 깊이 생각하며 거기에 도움이 될 만한 책을 찾아 선물했다는 게 무척이나 아름답게 느껴졌다.

더 인상적인 건 그 이후의 일이었다. 책을 본 남편은 《한 번에 되지 않는 사람》이라는 책 제목이 너무나 자기 얘기 같아서 단지 읽는 것에 그치지 않고 독서와 함께 자신의 생각을 정리해서 블로그에 글을 쓰기로 했다며 후기를 올렸다. 특이한 건 다음 날 또 새로운 후기가 올라왔다는 것이다. 책의 첫 번째 글에 대한 후기였다. 다음은 두 번째 글에 대한 후기, 그다음에는 세 번째 글에 대한 후기가 올라왔다. 궁금증이 났다.

'책에 실린 글이 모두 38편인데, 이런 식이면 책 한 권을 읽으면서 독서 후기를 38개를 쓰겠다는 건가?'

독서 후기를 쓰는 건 상당히 귀찮은 일이다. 책을 읽을 때는 비교적 쉽게 페이지를 넘기지만, 책 읽기를 마친 뒤에 다시 그걸 되돌려 보며 자신의 생각을 정리해 글을 쓰는 건 적잖은 노력을 들여야 하는 고된 작업이다. 그런 귀찮은 일을 누가 시키지도 않았는데 책 한 권을 읽으며 38번이나 반복적으로 한다는 건 대단한 의지가 있지 않고서야 가능한 일이 아니었다. 당연히 몇 번 쓰다 그만둘 거라고 생각했다.

그런데 이 독자가 참 만만한 사람이 아니었다. 열흘이 지나도, 20일이 지나도 그의 독서 후기 쓰기는 계속됐다. 중간에 일이 바쁜지 쉬는 날은 있어도 결코 포기하지 않았다. 며칠 있다가 '설마 아직도?' 하며 블로그를 들어가 보면 또 후기가 올라와 있고, 또 며칠 있다가 들어가 보면 책의 차례대로 쓴 새로운 후기 몇 개가 차곡차곡 쌓여 있었다. 블로그에 들어오는 사람이 많지 않은 듯 조회 수가 높지 않은데도 그는 묵묵히 후기를 써 올리며 자신과의 약속을 지키고 있었다.

후기에 담긴 그의 진솔한 고민과 생각들도 인상적이었다. 그의 후기에는 책을 쓴 나조차 생각하지 못한 깊은 이야기까지 담겨 있었다. 후기를 읽을 때마다 '잘 읽고 있다'고 댓글을 달까도 생각해 봤지만 이내 생각을 접었다. 여전히 후기를 쓰고 있는 그에게 저자의 댓글이 부담이 될 것 같았다. 책 속에서 마음에 들지 않는 부분도 있을 수 있고, 지적하고 싶은 것도 있을 수 있는데, 저자가 지켜보고 있다는 걸 알게 되면 솔직하게 쓰기가 어렵지 않겠는가.

그렇게 두 달 가까이 그의 후기 쓰기와 나의 읽기가 나란히 계속됐다. 그리고 마침내 그는 마지막 38번째 후기를 올렸다. 세상에서 가장 오래 쓴 독후감이 아닐까? 마지막 후기의 마지막 문장은 이렇게 끝을 맺고 있었다.

'나중에 기회가 생긴다면 꼭 이야기 나누고 싶은 작가다.'

마지막 후기를 읽은 나는 드디어 기다리고 기다렸던 댓글을 달았다. 처음부터 후기를 다 읽고 있었고, 이 날을 기다리고 있었다고, 괜찮다면 한번 만나서 식사를 함께하고 싶다고.

그리고 2주가 지난 어느 금요일 저녁, 각자의 직장에서 일을 마친 우리는 두 회사의 중간쯤에 있는 서울의 한 식당에서 만났다. 나는 그에게 말했다.

"저도 당신의 독자였습니다. 독자로서 당신의 글을 읽으며 행복했습니다."

우리는 분명 서로가 서로의 독자였다. 그가 내 책을 보며 위로를 받았듯, 나 역시 그의 글을 읽으며 힘을 얻었다. 아무런 연고도 없이 만난 우리는 마치 오래전부터 알고 지낸 사람들처럼 서로의 삶과 고민을 이야기하며 즐거운 저녁 시간을 보냈다.

헤어질 무렵 그는 내게 편지 하나를 보여 주었다. 그가 독서를 마친 뒤 책을 선물해 준 아내에게 쓴 편지였다. 편지에서 그는 책을 읽으며 많은 생각을 하고, 다시 도전할 힘을 키우기로 했다며 아내에게 고맙다는 말을 남겼다.

이 특별한 인연은 서로의 작은 말 한마디를 흘려듣지 않았기에 맺어질 수 있었다. 남편으로부터 직장에서 겪고 있는 고민을 들은 아내는 단지 듣는 것에서 그치지 않고, 남편에게 도움이 될 책을 찾아 선물했다. 책을 선물받은 남편은 고마움을 표하는 데서 그치지 않고 열심히 읽으면서 매일같이 진심을 다해 독후감을 쓰고 자신을 되돌아보며 성찰했다. 저자인 나 역시 그의 독서 후기에 감동받는 것에서 그치지 않고 소중한 만남의 시간을 만들었다.

큰 감동 그리고 의미 있는 변화는 의외로 일상의 작은 것에서 시작되는 경우가 많다. 주변의 사소한 얘기를 가볍게 여기지 않고 잘 듣는 것만으로도 일상이 바뀌고, 일상이 달라지면 인생이 바뀐다. 사람들의 말을 눈으로, 몸으로, 그리고 가슴으로 듣다 보면 어느덧 많은 이들이 다시 만나고 싶고, 한 번 더 말 걸고 싶고, 자꾸 얘기하고 싶은 사람이 되어 있는 나를 발견하게 될 것이다. 듣기의 힘을 아는 당신에게 진심 어린 응원의 박수를 보낸다.